오징어게임으로 본
인간과 조직 이야기

오징어게임으로 본
인간과 조직 이야기

백 서 현 지음

가나북스

··· 목록

책의 특징

이 책은 넷플릭스 '오징어 게임'의 렌즈를 통해 경쟁 속에서 발현되는 조직과 개인의 이야기를 흥미롭게 풀어냅니다. 누구나 공감할 수 있는 이야기를 통해, 조직 속에서 인간이 겪는 복잡하고 다양한 모습을 들여다볼 수 있습니다. 특히 '경쟁'과 '감정'이라는 두 가지 키워드를 중심으로, 우리 일상 속 가장 오랜 시간을 보내는 직장 생활의 이면을 이해할 수 있습니다. 극단적인 상황 속 인간의 모습을 통해 우리 안의 숨겨진 욕망과 두려움, 그리고 희망을 발견하고자 합니다.

드라마 속 서바이벌 게임의 세계는 마치 우리가 속한 조직을 떠오르게 합니다. 치열한 경쟁, 엄격한 규율, 복잡한 인간관계, 위계질서와 권력 구조... 우리는 조직이라는 서바이벌 게임에 매일 참여하고 있는지도 모릅니다.

"잠깐만요, 우리 회사에서 탈락하면
목숨을 잃진 않잖아요?"

맞습니다. 하지만 직장에서의 경험이 우리 삶에 미치는 영향을 가볍게 볼 수 있을까요? 직장수입의 상실, 사회적 지위의 하락, 자존감의 추락... 이런 것들이 우리의 '삶'에 가벼운 문제인가요? 반면에 경제적 안정과 보장의 획득, 사회성과 대인관계 능력의 향상, 성취감과 자부심의 고취, 전문성 축적과 자아실현의 기회는 우리의 삶을 풍요롭게 만듭니다. 하루 중 가장 오랜 시간을 보내는 일터에서의 경험은 우리의 하루뿐만 아니라 삶의 질 전체에 영향을 미칩니다.

우리는 이 게임에서 어떤 선택을 할 수 있을까요? 주어진 규칙에 맞춰 움직이며 생존만 도모할 것인가, 아니면 변화를 이끌어내는 주체가 될 것인가? 개인의 가치관과 신념을 지키며 동시에 공동체의 이익을 추구할 수 있을까? 다양한 개성과 역량을 가진 구성원들이 시너지를 만들어내려면 무엇이 필요할까. 옳고 그름은 없습니다. 다만, 어떠한 선택을 하든 경쟁 속에서 상실되어 가는 인간 본연의 가치에 대해 이야기하고 싶습니다.

이 책이 직장을 다니는 모든 분들과 특히 조직의 미래를 고민하는 리더들에게 일종의 나침반이 되어주길 바랍니다. 개인부터 팀, 그리고 조직의 단위까지 건강한 조직문화를 만드는 데 유용한 가이드를 드리고자 고민했습니다. 나아가 경영자들에게 '인간 중심'의 조직 경영 철학을 되새기는 기회가 되었으면 합니다. 구성원 개개인의 가치를 존중하고 그들의 내적 동기를 북돋우는 리더십의 중요성을 환기시키고자 합니다.

개인의 감정에서부터 조직 문화, 리더십까지 다양한 층위를 아우르는 통찰을 제공하며 치열한 경쟁 속에서 우리가 잃어버리기 쉬운 것들에 대해 생각해 보면 좋겠습니다.

앞으로 우리는 이런 질문들을 탐구할 것입니다:

- 우리는 왜 경쟁하는가?
- 경쟁 속에서 득과 실은 어떠한 것들이 있는가?
- 경쟁 속에서 사람들은 어떠한 감정을 느끼는가?
- 경쟁 속에서 우리는 무엇을 얻고 무엇을 놓치는가?
- 건강한 경쟁은 무엇이며 현실에서 가능한 것인가?

- 진정한 승자는 무엇인가, 무엇이 지속가능한 조직을 만드는가?

우리는 더 나은 개인, 더 나은 동료, 더 나은 리더가 될 수 있습니다. 경쟁에만 내몰리는 것이 아니라 협력의 가치를 일깨우고, 획일성보다는 다양성이 꽃피는 조직 문화를 만들어 갈 수 있습니다. 치열한 삶 속에서도 놓쳐선 안 될 인간만의 가치, 서로를 향한 연대에 대해 계속 이야기하고 싶습니다. 차가운 비즈니스 경쟁에서 그래도 인간을 인간답게 하는 진정한 가치를 강조하고 싶습니다.

이 책이 조직에서 살아가는 우리 모두에게 공감과 위로를, 그리고 변화의 용기를 북돋워주는 벗이 되었으면 합니다. 경쟁에 지친 어깨를 토닥이고, 따뜻한 위로와 지혜, 그리고 연대의 메시지를 전하는 벗 말이에요. 책에는 우리가 꿈꾸는 이상적인 조직, 우리가 바라는 더 나은 사회, 그리고 우리 각자가 희망하는 삶에 대한 이야기를 담았습니다. 현실을 살아갈 힘은 종종 비현실적으로 보이는 격려와 응원, 그리고 따뜻한 마음에서 비롯되기 때문입니다.

인생은 게임이 아니라 배움이다.

로버트 키요사키(Robert Kiyosaki)[1]

이제 오징어 게임으로 들어가, 새로운 배움의 여정을 시작해볼까요?

책의 구성

이 책은《오징어 게임》넷플릭스 드라마를 통해 조직 내 인간 본성과 경쟁, 생존에 대한 다양한 통찰을 제시하고 있습니다.《오징어 게임》의 특정 장면이나 캐릭터에 빗대어 현대 조직의 단면과 구성원들의 심리, 그리고 바람직한 조직 문화와 리더십에 대해 살펴봅니다.

프롤로그에서는《오징어 게임》이 상징하는 경쟁 사회에 대해 생각해봅니다. 그리고 이 책을 쓰게 된 문제의식, 여러분과 나누고 싶은 고민을 담았습니다.

---

1 로버트 키요사키(Robert Kiyosaki)는 미국의 투자가, 사업가, 작가이자 동기 부여 연설가입니다. 그는 1947년 하와이에서 일본계 미국인 가정에서 태어났고, 1997년에 출간한 '부자 아빠 가난한 아빠 (Rich Dad Poor Dad)'라는 책으로 널리 알려졌습니다.

1부에서는《오징어 게임》이 사회에 던진 질문처럼, 공동의 목표를 가지고 있음에도 왜 경쟁과 싸움을 지속할 수 밖에 없는지, 경쟁의 본질을 탐구합니다. 과열된 경쟁과 협력의 균형, 신뢰와 팀워크의 중요성, 위기 속 리더십 등 조직 경영의 화두를《오징어 게임》속 상황과 연결하여 짚어보겠습니다. 경쟁은 필연적이지만, 그 경쟁을 어떻게 이해하고 다루느냐에 따라 우리의 일상과 조직 생활은 크게 달라질 수 있습니다.

2부에서는 경쟁 속 조직 성과에 영향을 미치는 심리적 요인들과 그에 따른 구성원들의 감정을 짚어봅니다. 다양한 감정들을 건강하게 다스리고 성과로 연결하는 방법을 함께 찾아보겠습니다.

3부에서는 드라마 속 인물들처럼 각양각색의 일터 동료들을 만나봅니다. 그들의 행동 방식과 가치관이 조직에 미치는 영향을 살펴보고, 다양성을 포용하며 시너지를 이끌어내는 조직 차원의 노력에 대해 고민해보겠습니다.

4부에서는 우리가 꿈꾸는 조직, 함께 만들고 싶은 조직 문화에 대해 이야기해봅니다. 서로의 가치를 존중하고, 소통하고 공감하며, 함께 성장하는 그런 조직 말이에요.

5부에서는 변화의 시대, 조직이 가져야 할 역량에 대해 살펴봅니다. 미래형 조직 문화의 방향성과 실천할 수 있는 방안을 제안합니다.

책의 곳곳에는 인문학, 심리학, 경영학 등 다양한 분야의 이론과 명언을 담아 여러분의 이해를 돕고자 했습니다. 그리고 책 속에 숨어있는 질문들을 통해 여러분을 능동적인 독서와 성찰의 여정으로 초대하려 합니다.

에필로그에서는《오징어 게임》속 질문들을 되새기며 연대와 사랑의 메시지를 전하며 마무리하고자 해요. 그것이 결국 조직과 인간이 나아가야 할 방향이니까요.

오징어 게임 시즌1 간략 복습

  2021년 전 세계를 강타한 넷플릭스 오리지널 시리즈 《오
징어 게임》. 456억 원의 상금을 걸고 벌어지는 서바이벌 게
임에 참가한 사람들의 이야기를 그린 이 드라마는 단순한 오
락 차원을 넘어 우리 사회의 민낯을 적나라하게 보여주었습
니다.

  오징어 게임은 전 세계 94개국 넷플릭스 일간 순위 1위를
기록하며 명실상부한 글로벌 콘텐츠로 자리매김했습니다.
공개 28일 만에 넷플릭스 역대 최다 시청 기록을 세웠고,
450만 명 이상의 새로운 구독자를 유치하는 데 기여했죠. 구

글 검색어 순위에서도 2021년 전 세계 1위를 차지할 만큼 뜨거운 관심을 받았습니다.

　이처럼 오징어 게임은 한국을 넘어 글로벌 대중문화 트렌드를 이끈 기념비적인 작품으로 평가받고 있습니다. K-콘텐츠의 저력을 보여주는 동시에 자본주의 사회의 불평등과 격차, 그 속에서 벌어지는 인간 군상에 대한 깊이 있는 통찰을 담아냈기에 전 세계 시청자들의 폭발적인 반응을 이끌어낼 수 있었던 것 같습니다.

　극중 등장인물들은 제각기 다른 사연을 안고 게임에 참여합니다. 막대한 빚더미에 올라 있는 기훈, 탈북 과정에서 가족과 헤어진 새벽, 불법 체류자 신분으로 가족의 생계를 책임지던 알리, 사채업자에게 쫓기는 상우... 그들에게 오징어 게임은 절박한 현실을 벗어날 수 있는 마지막 기회이자 생존을 위한 필사적인 선택이었습니다.

　하지만 게임이 진행될수록 참가자들은 잔인하고 비극적으로 변합니다. 극한의 상황 속에서 연대와 배신, 희생과 구원이 교차하며 인간 본성의 깊은 곳을 들여다보게 합니다. 결국 게임의 참혹한 진실을 깨닫고 최후의 승자가 된 기훈은 무엇을 얻고 무엇을 잃었을까요? 이 게임의 설계자와 감독자는 왜 이러한 경쟁을 만든 걸까요. 우리는 참가자들의 눈물 너머 어떤 메시지를 읽어야 할까요?

쫓기듯 살아가다 보면 자신들이 '말'이라는 상황을
잘 인식하지 못하죠.
옆에 있는 말을 이기기에 바쁩니다.
왜 우리가 치열한 경쟁 사회로 내몰릴 수밖에 없었나,
게임의 규칙을 만든 사람은 누구인가,라는 질문을
던져봤으면 하는 생각이 있었어요.
경쟁 사회에 질문을 던지고 싶었습니다. [2]

〈황동혁 / 오징어게임 감독〉

---

2 https://www.yna.co.kr/view/MYH20211006001900038

도전할까, 버틸까, 도망갈까

우리는 모두 어딘가에서 '게임'을 하고 있습니다. 직장에서, 친구 사이에서, 심지어 가족 안에서도 크고 작은 경쟁이 펼쳐지죠. 어떨 때는 '참 기이한 경쟁이네'라고 느껴질 때도 있습니다. 거대한 운동장 안에서 수백 명의 사람들이 단순한 '무궁화 꽃이 피었습니다' 게임에 목숨을 걸어야 하는 상황에 처한 것처럼 말이죠.

오징어 게임은 전 세계를 사로잡으며 하나의 문화 현상이 되었습니다. 450만 명 이상의 새로운 구독자를 유치하고, 94 개국 넷플릭스 일간 순위 1위를 기록하는 등 그 인기는 실로 대단했죠. 구글 검색어 순위에서도 2021년 전 세계 1위를 차지할 만큼 뜨거운 관심을 받았습니다.

극단적인 설정에도 불구하고 오징어 게임이 많은 이들의 공감을 얻은 이유는 무엇일까요? 아마도 우리 삶의 어딘가에 등장인물들과 같은 모습이 있기 때문일 것입니다. 크고 작은 정도의 차이는 있겠지만 그들이 겪는 삶의 시련과 고민이 낯설지 않습니다.

어쩌면 우리에게 삶이란 하나의 오징어 게임과도 같지 않을까요? 매일 출근하는 회사에서, 사랑하는 이들과의 관계에서, 그리고 내면의 자아와 마주할 때에도 우리는 수많은 선택의 순간을 맞닥뜨리곤 합니다.

인생은 선택의 연속입니다. 매 순간 우리는 수많은 갈림길에 놓입니다. 어떤 길을 택하느냐에 따라 우리의 운명은 달라지기 마련이죠. 그 선택은 구성원 개개인은 물론 공동체의 명

운까지 좌우하기도 합니다.

수많은 선택지 앞에서 우리는 종종 혼란에 빠질 수 있습니다. 가장 안전해 보이는 길, 주변의 기대에 부응하는 길, 자신의 신념을 따르는 길... 그 어느 것도 쉽게 결정하기 어렵습니다. 하지만 선택의 순간을 피할 수는 없습니다. 우리는 매번 도전할 것인지, 버틸 것인지, 도망갈 것인지를 결정해야만 하죠.

물론 매일이 오징어 게임처럼 목숨을 건 절체절명의 순간은 아닙니다. 하지만 치열한 경쟁 속에서 살아남기 위해, 때로는 좌절을 딛고 일어서기 위해, 땀 흘려 노력해온 나날들을 돌이켜보면 결코 만만치 않은 게임이었음을 깨닫게 됩니다.

내일을 향한 작은 기대, 언젠가 이뤄질 꿈에 대한 설렘. 우리 모두에게는 각자에게 존재하는 소중한 무언가가 있습니다. 그 '무언가'가 힘든 시간을 포기하지 않고 버티게 하는 원동력이 되는게 아닐까요? 오징어 게임은 우리에게 묻습니다. 인생이라는 경쟁 속에서 어떤 선택을 할 것인지. 눈앞의 유혹에 흔들릴 것인지, 신념을 지키며 정도를 걸을 것인지. 치열한 경쟁 속에서 나만 생각할 것인지, 옆에 있는 동료의 손을 잡아줄 것인지.

"도전할까, 버틸까, 도망갈까"라는 질문 앞에서 우리는 매 순간 고민합니다.

두려움에 주저앉고 싶을 때도 있고, 안주하고픈 유혹에 흔들리기도 합니다. 주저앉아 있어도, 안주해도 괜찮습니다. 다만 도전의 힘을 놓지 말아야 해요. 그 이유는 도전을 통해 새로운 가능성에 눈을 돌리고 앞으로 나아갈 용기를 얻을 수 있기 때문입니다. 비록 지금은 두렵고 막막할지 몰라도, 도전의 끈을 놓지 않는다면 언젠가는 새로운 길이 열립니다.

이 책은 오징어 게임 속 인물과 상징들을 통해 삶의 다양한 국면에서 마주하게 되는 선택의 순간들을 되짚어볼 것입니다. 그리고 그 과정에서 진정 우리에게 소중한 가치가 무엇인지 발견하게 될 것입니다.

주어진 규칙에 의문을 제기하고, 구성원 간의 신뢰와 협력을 이끌어내며, 더 나은 조직을 만들기 위해 도전할 수 있는 지혜. 개인의 이익을 넘어 공동체의 가치를 추구하는 용기.

불합리한 현실에 굴복하지 않고 더 나은 내일을 향해 도전하는 열정. 그런 힘을 이 책에서 찾을 수 있기를 바랍니다.

우리 모두에겐 스스로의 선택으로 앞날을 개척해나갈 수 있는 힘이 있습니다. 때로는 규칙에 의문을 제기하고 새로운 길을 모색하는 창의력도 필요할 것입니다. 이 책이 인생이라는 게임에서 지혜롭고 용기 있는 선택을 하는데 작은 울림이 되기를 바랍니다. 매일같이 달리고, 멈추고, 다시 달리는 우리의 경쟁 게임을 새롭게 바라보는 시간이 될 겁니다. 주어진 경쟁 속에서 도망칠까, 버틸까, 아니면 도전할까를 고민하는 당신을 위한 이야기가 될 것입니다.

정답이 없는 문제이니 나름의 방법을 얻어보셨으면 합니다. 이렇다 할 방법을 못 찾더라도 용기 또는 위로를 얻으셨으면 합니다. 단지 경쟁에서의 승리가 아닌, 더 나은 자신을 만드는 데 이 책이 작은 힌트가 되기를 바랍니다.

오징어게임으로 본 인간과 조직 이야기

오징어 게임에 비친 조직의 단면

생존을 위한 치열한 경쟁, 득과 실
경쟁에 직면한 인간의 본능적 반응
조직에 적응하며 변해가는 개인의 가치관

"탈락하면 죽습니다."

붉은 옷의 감시자들이 냉혹하게 게임의 법칙을 선포합니다. 456억 원이라는 상금을 놓고 벌이는 목숨 건 서바이벌 게임. 넷플릭스 드라마 '오징어 게임'이 시작됩니다.

"여기서 이기면 빚 다 갚을 수 있어요." 주인공 성기훈의 절박한 목소리. "최선을 다해야겠어요. 우리 가족 제대로 살 수 있게." 새로운 삶을 꿈꾸는 알리의 눈빛. "동생 데리고 와야 해요. 온 가족이 살 집을 살 수 있어요" 가족과 함께 살고 싶은 새벽의 간절함.

평범한 시민 송기훈 / 이주노동자 알리 / 탈북민 강새벽

오징어 게임의 참가자들처럼, 우리 역시 조직이라는 거대한 게임 속에서 치열하게 살아가고 있는 것은 아닌지 되물어

오징어게임으로 본 인간과 조직 이야기

봅니다. 아침 출근길에 마주하는 우리의 동료, 이웃에게서도 오징어 게임 참가자들의 모습이 오버랩 됩니다.

"이번 프로젝트에서 성과 내야 승진할 수 있어." 치열한 경쟁 속에서 동료는 라이벌이 되기도 합니다. "계약직이라도 어떻게든 잡고 싶어." 조직에 잔류하기 위해 자존감을 걸고 버텨야 할 때도 있죠. "윤리 규정을 어기라니... 이러다 내가 짤리는 거 아냐?" 개인의 신념과 조직의 요구 사이에서 갈등하는 순간도 마주하게 됩니다.

조직의 정의는 '인간 2명 이상이 모여 공동의 목표를 분업하고 상호작용 하는 곳'을 의미합니다. 조직 속에서는 다양한 인간 군상이 존재합니다. 물론 현실 속 조직은 실패한다고 당장 죽음을 맞이하는 건 아니죠. 그러나 누군가는 불확실한 내일을 마주하며 생존과 성공을 위해 치열하게 경쟁하고, 때론 소중한 가치를 내려놓아야 하는 딜레마를 맞이하며 하루 하루를 살아갈지 모릅니다. 나의 생존을 위해 타인을 깎아내리고 음해하고 궁지에 몰아넣는 행위도 서슴치 않게 행할 수 있습니다. 그 과정에서 우리가 잃어버리고 있는 것은 없는지, 오징어 게임은 치열하게 살아가는 현대인들에게 날카로운

제1부 오징어 게임에 비친 조직의 단면

질문을 던집니다.

1부에서는 오징어 게임에 비친 조직 생활의 단면들을 짚어
보고자 합니다.

- 생존을 위한 치열한 경쟁, 득과 실
- 경쟁에 직면한 인간의 본능적 반응
- 조직에 적응하며 변해가는 개인의 가치관

위의 관점을 중심으로 우리가 매일 마주하는 경쟁의 순간
들, 그 이면에 감춰진 인간 군상을 살펴보는 시간이 될 것입
니다. 과연 우리에게 치열한 경쟁은 어떤 의미일까요? 승자
와 패자의 이분법을 넘어, 개인과 조직이 함께 성장할 수 있
는 길은 없는 걸까요? 오징어 게임을 통해 던져진 질문들을
곱씹어보며 조직에서 경쟁과 인간을 성찰하는 시간이 되기
를 바랍니다.

생존을 위한 치열한 경쟁, 득과 실

오징어 게임 속 등장인물들은 각자 나름의 이유로 게임에 뛰어들었습니다. 모두가 같은 최종 목표를 가지고 있었죠-상금과 생존. 그러나 그 과정은 결코 평화롭지 않습니다. 참가자들은 냉혹한 규칙 속에 내몰립니다. 그들에겐 선택의 여지가 없어 보입니다. 경쟁에서 이기지 않으면 살아남을 수 없으니까요. 설령 양심의 가책을 느껴도 주저하는 순간 머리에 총알이 박힐 수 있습니다. 이처럼 극한의 상황 속에서 인간은 자신도 예상치 못한 모습으로 변해갑니다. 동료들과 협력해야 할 때도 있었지만, 결국 경쟁이 시작되면 각자는 자신의 자리, 자신의 목숨을 지키기 위해 싸워야 합니다.

줄다리기 자체는 팀워크를 요구하는 협력 게임입니다. 참가자들은 서로 힘을 모아 협력해야만 승리할 수 있습니다. 그러나 줄다리기에서 중요한 것은 단지 협력만이 아닙니다. 상

제1부 오징어 게임에 비친 조직의 단면

대 팀을 이겨야만 자신의 팀이 살아남을 수 있는 상황에서, 협력은 곧 경쟁으로 바뀝니다. 심지어 같은 팀에서조차도 '누가 더 유능한가'라는 경쟁심이 작동합니다. 그 경쟁심 속에서 사람들은 약한 자를 내치는 경향을 보이기도 합니다. 한 팀이 승리하기 위해서는 반드시 다른 팀이 패배해야만 했고, 그 과정에서 사람들은 승리를 위해 수단과 방법을 가리지 않게 되죠.

오징어 게임 속 참가자들이 함께 줄을 당기며 이기기 위해 협력했지만, 결국 각자의 생존이 달린 문제 앞에서는 서로의 목숨을 놓고 선택해야 합니다. 조직에서도 우리는 경쟁 속에서 갈등하게 됩니다. 같은 팀에서 함께 일하면서 협력해야 하지만, 때로는 내 옆자리에 앉은 동료가 나의 경쟁자가 되는 순간을 맞닥뜨리게 됩니다.

예를 들어, 중요한 프로젝트를 주도할 기회가 주어졌을 때, 그 기회를 차지하기 위해 우리는 동료와 경쟁하게 됩니다. 처음에는 협력하는 듯 보이지만, 그 경쟁이 격화되면 누가 더 나은 성과를 내느냐가 중요해집니다. 더 나은 기회나 리더의 신뢰를 놓고 경쟁하게 되면, 신뢰가 균열되고 감정적인 갈등이 생기게 됩니다.

개인전인 유리 다리 게임에서는 더 노골적인 경쟁이 드러납니다.

사람들은 자신이 살아남기 위해 남을 밀쳐내거나 뒤로 미루려는 행동을 하게 됩니다. 서로 협력해 안전한 길을 찾기보다는, 먼저 나가면 죽을 수도 있다는 두려움이 경쟁심을 부추겨 누군가를 희생시키려 합니다. 게임이 진행될수록 초반에 사람들의 마음 속에 자리잡았던 협력의 마음은 점차 힘을 잃고, 오로지 자신의 생존만을 고민하게 됩니다.

오징어 게임은 단순한 생존 게임이 아닙니다. 극한의 경쟁

29

상황이 개인과 집단에게 어떤 영향을 미치는지 적나라하게 보여줍니다. 처음에는 서로를 불쌍히 여기고 동정하던 사람들도, 살아남기 위해서는 결국 상대방을 짓밟을 수밖에 없는 상황에 놓이게 됩니다. 극한의 경쟁이 만들어낸 괴물로 변해가는 것이죠. 당연히 참가자들 사이의 연대와 신뢰는 무너져 갑니다. 함께 살아남자며 팀을 이루지만 그 속에서 언제든 상대방이 날 배신할지 모른다는 의심과 불안을 갖고 있습니다. 극한의 경쟁 속에서 인간성이 상실됩니다. 서로를 더 이상 '인간'으로 대하지 않습니다. 상대방은 단지 제거해야 할 장애물입니다. 상대방이 제거되면 내가 받을 수 있는 돈이 올라갑니다. 경쟁은 더 치열해집니다.

물론 경쟁이 항상 부정적인 결과만을 초래하는 건 아닙니다. 건강한 경쟁은 조직과 개인을 성장시키고 발전시키는 원동력이 됩니다. 건강한 경쟁은 '개인과 조직 모두의 발전을 촉진하는 경쟁'을 의미합니다. Deci (2000)[3]의 연구에 의하면 건강한 경쟁은 내재적 동기를 자극하며 이러한 환경은 개인의 자율성, 유능감, 관계성을 충족시킬 때 조성된다고 설명

---

3 Deci, E. L., & Ryan, R. M. (2000). The "what" and "why" of goal pursuits: Human needs and the self-determination of behavior. Psychological Inquiry, 11(4), 227-268.

합니다.

건강한 경쟁은 공정한 기회와 보상, 자기 성장의 동기부여, 상호 협력과 존중을 바탕으로 이루어집니다. 타인의 성장을 막거나 방해하지 않고 서로의 성과를 높이기 위해 노력하는 환경 속에서 피어납니다.

건강한 경쟁은 창의성과 혁신의 촉매제가 됩니다. 성과를 위해 끊임없이 새로운 아이디어를 모색해야 하는 상황은 창의적 사고를 자극하고, 기존의 방식에 안주하지 않게 만드는 발판이 됩니다. 실리콘 밸리의 수많은 혁신 기업들이 치열한 경쟁 속에서 탄생했다는 사실은 이를 잘 보여줍니다. 오징어 게임에서도 협력을 통해 승리하는 순간들이 존재하듯이, 직장에서도 올바른 경쟁은 성과와 동기 부여를 위한 중요한 요소가 됩니다.

예를 들어, 회사 내에서 열린 아이디어 공모전이나 프로젝트 경쟁은 팀원들이 각자 최고의 성과를 내기 위해 노력하게 만들고, 이를 통해 회사 전체의 성과가 올라갑니다. 동료들 간의 선의의 경쟁은 서로를 성장시키며, 팀워크와 개별 역량을 모두 높이는 효과를 가집니다.

목표를 향한 열정, 승리에 대한 갈망은 한 사람을 전력 질주하게 만드는 힘이 됩니다. 열정과 갈망은 안정된 상황보다는 경쟁의 환경에서 더욱 발현되고는 합니다. 경쟁의 결과로 개인은 성장하고, 이는 조직과 사회 전체의 발전으로 이어집니다.

그러나 이건 어디까지나 '건강한 경쟁' 일 경우입니다.

과도한 경쟁과 잘못된 방식의 경쟁은 조직을 쉽게 분열시킵니다. 오징어 게임 속에서도 초반에는 협력하려 했던 사람들이 시간이 지날수록 서로를 경계하고 배신하지 않나요. '직장의 모습도 크게 다르지 않네', 라고 생각 했습니다. 직장에서도 팀워크와 협력을 강조하지만 무수한 경쟁 상황에 놓이게 되면 어떻게든 나부터 살아남으려는 본능이 발현되곤 하니까요.

어려운 프로젝트나 위험한 결정 앞에서 서로를 밀어내려하거나, 누군가를 방패로 삼으려는 모습이 드라마 속에서만 일어나는 일이던가요. 같은 팀원이지만 승진 기회가 걸려 있거나 중요한 프로젝트에서 주도권을 잡으려 할 때, 관계가 미묘하게 틀어지기 시작합니다.

과한 경쟁, 잘못된 방식의 경쟁이 일으키는 가장 큰 문제는 신뢰의 붕괴입니다. 경쟁이 심해지면 동료를 믿기보다는 경계하게 되고, 팀워크가 약해지며, 최종적으로는 성과에도 부정적인 영향을 미칩니다. 직장에서 벌어지는 갈등과 싸움도 결국 이러한 신뢰의 문제에서 시작됩니다. 함께 일하는 동료들을 이겨야 할 대상으로 보고 협력할 수 없는 존재로 인식하게 되는 순간, 팀 전체의 성과는 떨어지게 마련입니다. 특히 승진이나 인사고과가 얽힌 경쟁 상황에서는 동료 간의 신뢰가 깨지기 십상이죠.

'내가 성공하려면 저 사람은 반드시 져야 한다' 는 극단적인 사고에 사로잡히게 되면, 그동안 쌓아온 관계의 기반이 흔들리게 됩니다. 눈 앞의 이익만 좇다 보면 정작 우리 조직의 근간이 흔들리고 맙니다. 일회성 성과에 도취된 나머지 장기적 관점을 잃어버리기 십상이죠. 과도한 경쟁 속에서 혼자만의 승리에 집착하는 순간 인간은 소중한 것들을 잃기 시작합

33

니다. 팀워크는 깨지고, 신뢰는 무너지며, 그토록 쫓던 성공마저 오히려 멀어져 갑니다. 결국 조직은 내부에서부터 와해되기 시작합니다.

돌이켜보면 우리의 일터는 때로 하나의 전쟁터처럼 느껴지기도 합니다. 끊임없이 몸을 사리며 살아남기 위해 분투하다 보면 어느새 지쳐버리곤 하죠. 하지만 오징어 게임 참가자들의 최후가 우리에게 주는 교훈은 분명합니다. 경쟁 속에서도 우리가 서로를 인간으로 대하고, 연대와 신뢰의 가치를 잃지 않으려 노력하는 것. 아무리 치열한 경쟁의 순간에도 우리의 인간성을 지켜내는 것. 그것이 오징어 게임이 우리에게 던지는 메시지가 아닐까요?

"사람들은 돈이 없어서 힘든 게 아니야.
더 이상 희망이 없기 때문에 힘든 거야."

이 대사는 단순히 경제적 경쟁을 넘어서, 인간이 싸우는 진짜 이유가 희망을 잃지 않기 위해서라는 것을 상징적으로 보여줍니다. 사람들은 더 나은 미래와 희망을 위해 끊임없이 노력하고 싸우게 된다는 점을 잘 나타냅니다. 직장에서의 경쟁도 단순한 성과나 승진 이상의 의미를 갖습니다.

경쟁은 피할 수 없는 숙명이지만, 그 경쟁이 파괴적이기보단 건설적일 때 비로소 우리 모두의 성장으로 이어질 수 있습니다. 나 홀로 올라서는 캐슬이 아니라, 함께 손잡고 정상을 밟는 것. 내일을 향한 희망이 험난한 싸움터를 함께 버텨낼 동료에 대한 믿음. 바로 그것이 우리를 지탱하는 건강한 원동력이지 않을까요. 나 vs 너가 아니라 우리 모두의 성장을 향해, 함께 노력하는 모습으로 말이죠.

경쟁이 과도하게 치열해져 서로를 해치거나 신뢰를 붕괴시키는 방향은 조직과 개인 모두에게 해롭습니다. 명확한 목표 설정, 공정한 평가, 그리고 투명한 보상 체계는 건강한 경쟁을 촉진하는 필수 요소입니다. 또한, 리더는 경쟁이 서로를 성장시키는 도구가 될 수 있도록 협력의 중요성을 강조하며, 경쟁과 협력의 균형을 맞추는 데 주력해야 합니다.

경쟁을 통해 성과를 내면서도, 서로의 가치를 존중하고 함께 성장할 수 있는 문화를 만들기 위해서는 개인과 조직 모두의 노력이 필요합니다. 경쟁은 우리를 자극하고 성장시키지만, 그 과정에서 동료와의 관계, 신뢰를 지키는 것 역시 잊지 말아야 합니다.

이제 우리에겐 새로운 방식의 경쟁이 필요한 때입니다.

동료의 장점에서 배우고, 그들과 어울려 성장하는 긍정의 경쟁, 건강한 경쟁의 방식을 배우고 노력해야 할 때입니다. 그 길이 공동체의 이익과 개인의 행복을 위해 우리가 나아가야 할 방향임은 분명해보입니다. 오늘도 출근길에 오르며 우리는 저마다의 오징어 게임을 시작합니다. 치열한 승부의 세계에서 우리는 무엇을 좇고, 무엇을 잃어가고 있을까요? 바쁘게 내달리는 발걸음을 잠시 멈추고 생각해 봅시다. 우리가 잊고 있던 소중한 가치를 되찾는 일, 어쩌면 그것이 바로 경쟁 너머의 진짜 승리가 아닐까요?

경쟁에 직면한 인간의 본능적 반응

경쟁에 직면한 인간의 본능적 반응은 '싸우거나 도망가라'입니다[4]. 스트레스나 위협 상황에서 인간이 본능적으로 반응

---

4 Cannon, W. B. (1932). The Wisdom of the Body. W. W. Norton & Company.

하는 생존 메커니즘입니다. 심리학자 월터 캐넌(Walter Cannon)이 1915년에 소개한 '투쟁-도피 반응'(fight-or-flight response)은 위협에 직면했을 때의 인간의 기본적인 반응을 설명합니다. 경쟁을 피할 수 없는 상황에서 우리는 본능적으로 공격적이거나 방어적인 태도를 취하게 됩니다. 여기에 최근의 연구들은 '동결'(freeze) 반응도 추가하고 있습니다.

- 투쟁(Fight) : 어떤 이들은 경쟁 상황에서 공격적으로 대응합니다. 오징어 게임에서 상대방을 밀쳐 탈락시키려는 참가자, 감시자를 공격하는 참가자처럼. 직장에서도 동료를 깎아내리거나 자신의 성과를 과장하는 등의 행동으로 나타날 수 있습니다.
- 도피(Flight) : 일부는 경쟁을 피하려 합니다. 게임에서 뒤로 물러나는 참가자, 스스로 패배를 선택하는 참가자처럼. 직장에서는 책임을 회피하거나 도전적인 업무를 거부하는 모습으로 나타날 수 있습니다.
- 동결(Freeze) : 때로는 아무 행동도 취하지 못하고 얼어붙습니다. 게임에서 공포에 질려 움직이지 못하는 참가자처럼. 직장에서도 중요한 의사결정 앞에서 망설이거나

제1부 오징어 게임에 비친 조직의 단면

행동을 지연시키는 경우가 있습니다.

이러한 반응들은 모두 생존을 위한 본능적 메커니즘입니다. 오랫동안 진화해 온 본능이고, 과거에는 생존을 위한 필수적인 반응이었죠. 현대 사회에서는 이러한 생존 본능이 승진, 인정, 자원의 싸움으로 변형되어 나타납니다. 직장에서 경쟁이 시작되면 사람들은 자신의 성과와 자리를 지키기 위해 적극적으로 움직이기 시작합니다.

오징어 게임 속에서도 등장인물들은 초반에는 협력하고 동료애를 발휘하지만, 시간이 지날수록 각자의 생존 본능이 발동하며 갈등이 생깁니다. 경쟁 앞에서 인간은 살아남아야 한다는 압박에 의해 본능적으로 자신을 우선시하게 됩니다. 즉, 공동의 목표를 위해 협력하는 것이 아닌, 자신의 자리를 지키기 위해 스스로가 생각하는 최선을 선택하는 것이죠.

인간은 공동체 속에서 살아남고자 하는 강한 본능을 지니고 있습니다. 하지만 동시에 자신을 보호하고, 자신의 자리를 지키기 위한 투쟁 본능도 함께 존재합니다 경쟁 상황에 직면하면 우리 몸에서는 어떤 일이 일어날까요? 스탠포드 대학의 로버트 샤폴스키(Robert Sapolsky) 교수의 연구에 따르면, 스트레스 호르몬인 코르티솔의 분비가 증가합니다. 이는 단기적으로는 집중력과 수행 능력을 향상시키지만, 장기적으로는 면역 체계 약화, 우울증, 심혈관 질환 등의 위험을 높입니다.

직장에서의 만성적인 경쟁 스트레스는 번아웃(burnout)으로도 이어질 가능성이 있습니다. 세계보건기구(WHO)가 2019년 번아웃을 '직업 현상'으로 공식 분류한 것은 이 문제의 심각성을 잘 보여줍니다. 2023년 조선일보 기사에서는 대한민국 직장인의 번아웃이 심각하게 증가하고 있다는 내용을 다루었는데요,[5] 대한민국 직장인 1,000명을 대상으로 조사한 결과 55.1%가 번아웃을 경험했는데 주요 원인으로 과도한 경쟁을 언급하고 있습니다.

직장 내에서 경쟁을 부추기는 조직문화는 직원들을 심리적으로 피폐하게 만들고, 이로 인해 업무에 대한 애정과 동기부

---

5 https://www.chosun.com/economy/weeklybiz/2023/02/23/AMWFZAHLC-JAZ3AW5XJAW22STZA/

여가 떨어집니다. 성과를 향한 끝없는 경쟁 속에서 직무 만족도가 낮아지고, 번아웃과 이직의 가능성이 커지는 구조적 문제가 심화되는 것이죠. 흥미로운 건 번아웃의 주요 원인으로 '명확하지 않은 업무지시'가 꼽히고 있습니다. 반면 리더십, 자율성, 존중이 번아웃을 예방하는 핵심 요소로 제시되었습니다.

혹시 번아웃을 경험한 적이 있으신가요? 혹은 여러분의 동료나 가족이 번아웃으로 힘들어하는 모습을 보신 적이 있나요? 그런데 만약 그들의 고통을 보면서 "저 정도 가지고 힘들어하다니, 참 나약한 사람이네." 라고 생각하신 적이 있었다면, 잠시 생각을 멈추고 '번아웃'에 대해 새로운 시선을 가질 필요가 있습니다. 번아웃은 결코 개인의 나약함이나 무능력함의 결과가 아니기 때문입니다.

우리는 흔히 치열한 경쟁 속에서 살아남기 위해서는 강해져야 한다고 생각합니다. 쉼 없이 달려야 한다고 믿죠. 하지만 이런 과도한 압박감과 스트레스는 오히려 우리를 지치게 만들고, 결국에는 번아웃이라는 깊은 수렁으로 빠뜨리고 맙니다.

오징어게임으로 본 인간과 조직 이야기

끊임없는 성과 압박, 과도한 업무량, 일과 삶의 불균형, 경쟁을 부추기고 인간의 존엄성을 무시하는 환경 속에서 번아웃은 어쩌면 정상적인 인간이 경험하는 필연적인 결과일지도 모릅니다.

번아웃은 개인의 문제에서 머무르지 않습니다. 지친 구성원들의 생산성은 저하될 수밖에 없고, 이는 곧 조직의 경쟁력 약화로 이어집니다. 그런데도 번아웃된 구성원을 조직에서 방치하고 개인의 문제로만 치부해서는 될까요? 성과가 중요하다면서 성과를 내는 원인과 과정은 무시하는 꼴입니다.

나아가 번아웃은 우리 사회 전반에 걸쳐 큰 비용을 초래합니다. 정신 건강의 악화, 사회적 고립, 그리고 이로 인한 공동체 의식의 약화까지.

혹시 이 시점에 '역시 AI가 사람보다 일 시키기가 편하다', '다 기계로 대체하는게 속 편하다' 라고 생각이 든 분이 계신다면, 다시 한번 인간의 존엄성과 가치에 대해서 생각해 볼 필요가 있습니다. 사람을 기계처럼 대하고 성과라는 잣대로만 평가한다면 결국 스스로의 가치를 훼손하는 셈입니다. 우리 모두는 사람이니까요.

인간은 본질적으로 사회적 동물입니다. 우리는 관계를 통해 자원을 공유하고, 협력을 통해 사회적 인정과 생존을 확보합니다. 하지만 경쟁 상황에서는 이 관계가 위협을 받습니다. 사회적 동물인 인간은 공동체 속에서 살아남기 위해 타인과 협력해야 하지만, 동시에 자신을 보호하기 위해 개인적 이익을 우선시하게 됩니다. 이때 우리는 협력과 경쟁 사이의 딜레마에 빠지게 되죠.

직장은 그런 면에서 딜레마의 장입니다.

직장에서의 경쟁은 자원을 두고 벌어지는 자리를 지키려는 싸움입니다. 승진, 리더의 인정, 중요한 프로젝트의 주도권 등 한정된 자원을 두고 경쟁이 벌어집니다. 평소에는 같은 목표를 위해 협력하던 팀원들인데 한정된 기회를 가지고 그들 사이에 경쟁이 불거지면, 그동안 쌓아온 신뢰와 관계가 위협 받기 시작합니다. 경쟁 상황 속에서 인간의 본능은 자신을 보호하려는 쪽으로 움직이기 때문에, 팀워크보다는 개별 성과와 자기 방어에 집중할 수 있습니다.

처음에는 그저 작은 의견 차이로 시작합니다. *"이 아이디어가 더 낫지 않아?", "아니야, 내 생각에는 이게 더 효과적일 거야."* 서로의 의견을 주장하는 건 조직의 성장과 과업의 달성에 당연한 일입니다. 하지만 경쟁의 열기가 뜨거워질수록, 토론은 점점 사라지고 대신 독한 말들이 오가게 됩니다. 상대방의 의견을 경청하기보다는, 오로지 자신의 주장만을 내세우게 됩니다.

가치를 만들어 내기 위한 공동의 목표는 뒷전이고 상대방보다 이기려고 하는 이기적인 마음이 생겨납니다. 어느새 한 팀이 아닌 경쟁자로 변해버립니다. 서로를 믿고 의지하기보다는 믿음에 금이 가고 관계는 악화되면서 의심과 경계심이 관계를 갉아먹기 시작합니다.

무너진 신뢰는 결국 조직 전체로 퍼져나갑니다. 부서 간 협업은 어려워지고, 소통은 단절됩니다. 조직 안에서 사실과 다른 이야기들이 퍼져 나갑니다. 공기 속으로 떠돌아다니는 이야기 안에는 음해도 있고 가십도 있고 모함도 있습니다.

독일의 저명한 철학자, 프랭크 퍼트 교수가 '개소리에 대하여(On Bullshit)'[6] 에서 말한 '개소리(bullshit)'의 확산과도 같습니다. 남을 음해하려는 행위도 결국 자신의 생존을 위함이기에, 업무의 본질 보다는 불필요한 소모적 감정 싸움에 시간과 에너지를 씁니다. 경쟁 속에서 진실은 뒷전이 되고, 오로지 자신의 승리만이 중요해지는 거죠. 이런 태도는 결국 신뢰를 무너뜨리고, 소통을 단절시키는 결과를 낳습니다.

치열한 경쟁 속에서도 늘 이성적으로 판단하고 행동하기란 어려운 법이죠. 하지만 우리가 본능에 휘둘리는 순간, 경쟁은 독이 되어 우리 자신을 갉아먹기 시작할 것입니다. 그러니 경쟁에 임할 때는 무엇보다 자신 내면의 성찰과 극복이 필요합니다. 상대방을 깎아내리고 싶은 유혹, 진실을 외면하고 싶은 충동과 맞서 싸우는 것. 그것이 바로 건강한 경쟁을 위해 우리에게 필요한 자세입니다.

지금 이 순간에도 경쟁의 한가운데 서 있는 우리. 상대방을 인정하고 존중하면서도 끊임없이 자신을 내면을 성숙하게 만드려는 용기. 그것이 있다면 우리는 경쟁을 넘어, 함께 성장할 수 있는 진정한 동반자가 될 수 있을 것입니다. 구성원

---

6 프랭크퍼트, H. G. (2009). 개소리에 대하여 (이양훈 역). 세종서적

간의 신뢰를 회복하고, 서로에 대한 이해와 공감의 폭을 넓히는 일. 그것이 과도한 경쟁 사회에서 우리 조직과 개인이 함께 성장할 수 있는 원동력이 될 것입니다.

> *"자신의 가치를 알아야 한다.*
> *그래야만 다른 이의 가치도 인정할 수 있다."*
> *- 공자*

조직에 적응해가며 변해가는 개인의 가치관

대학을 갓 졸업하고 첫 직장에 들어선 '나'를 떠올려보세요. 열정과 꿈으로 가득 찬 그 모습을. 세상에 기여하고 싶었고, 옳은 일을 하고 싶었고, 나만의 방식으로 성공하고 싶었을 겁니다. 그때의 '나'는 어떤 가치관을 가지고 있었나요?

경쟁은 사람을 달라지게 합니다. 오징어 게임 속 '달고나' 게임에서처럼, 누구에게나 규칙은 동일하지만 게임의 결과는 모두 다릅니다.

누군가는 쉽게 성공하고, 누군가는 노력했음에도 실패합니다.

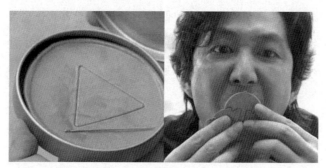

"왜 저 사람이 나보다 앞서나가는 거지?", "이렇게 까지 노력했는데도 뭘 더 하라는 거지?", "나는 저 사람을 인정할 수 없어. 내가 더 잘나가면 좋겠어". 공동의 목표를 이루는 과정에서 벌어지는 경쟁은 우리의 본능적인 불안감과 질투심을 자극합니다. 그로 인해 내부적으로 갈등이 생기고, 협력이 아닌 경쟁이 부각됩니다.

인간이 모여 성과를 내야 하는 곳이라면 어디든 경쟁이 불가피합니다. 특히나 한국 사회는 다양한 사회적, 역사적 배경에 의해 치열한 경쟁의 문화를 가지고 있습니다. 입시 경쟁이 중심이 된 교육 시스템은 어릴 때부터 남과 비교하게 만들었고, 급격한 경제 성장과 산업화 과정에서 한정된 자원과 기회를 둘러싼 경쟁이 치열했습니다. 또한, 개인의 성취와 우월성을 중시하는 사회적 분위기 속에서, 남보다 나아야 한다는 생

각이 마치 유산처럼 이어져 왔습니다

직장은 승진, 성과, 인정의 한정된 자원을 가지고 경쟁하는 무한경쟁 스테이지입니다. 이 곳에서 우리는 스스로가 경쟁에 뛰어들어야만 합니다. 오징어 게임에서 모두가 살아남을 기회를 가지고 있었음에도, 결국 누군가는 살아남고 누군가는 사라졌던 것처럼.

점차 우리는 조직과 사회와 타인에 적응해갑니다. 오징어 게임의 주인공 기훈이 게임이 진행될수록 변해가는 모습을 떠올려보세요. 처음에는 거부감을 느끼던 게임의 규칙을 점차 받아들이고, 나아가 그 안에서 생존 전략을 찾아가는 모습이었죠. 이런 변화가 꼭 나쁜 것만은 아닙니다. 적응은 생존을 위해 필요하고, 때로는 성장의 기회가 되기도 합니다.

경쟁 속에서 조직에 적응해 나가다 보면, 우리는 스스로의 가치관이 변화하는 것을 느끼게 됩니다. 유연성의 증가는 그 중 하나입니다. 절대적이었던 가치관이 점차 상황에 따라 유연해지기 시작합니다. 과거에는 확고했던 개인의 원칙이 조직의 요구사항에 맞춰 변형되는 것은 자연스러운 과정입니다. 우리는 이를 '현실에 적응하는 것'이라고 표현하며, 변화하는 환경에 유연하게 대처하는 능력을 기르게 됩니다.

또한, 삶의 우선순위도 변화하게 됩니다. 대개는 이상보다는 실익을, 과정보다는 결과를 더 중시하게 되는 경향이 강해집니다. 성과가 조직 내에서 생존과 직결되면서, 목표를 달성하는 과정보다는 결과 자체에 더욱 집중하게 되고, 이는 행동방식에도 큰 영향을 미칩니다.

집단 사고도 만들어집니다. 조직에 동화되고 적응하려다보면, 조직 내 다수의 의견에 동조하는 경향이 강해지고, 개인의 비판적 사고는 점차 약화될 수 있습니다. 조직 내에서원활한 협력을 위해 어느 정도 필요한 부분이지만, 개인의 창의적이고 비판적인 사고를 억제하게 되는 결과를 초래할 수있는 부분이죠.

치열한 경쟁 속에서 드러나는 것은 결국 인간의 민낯입니다. 과도한 경쟁 속에서 윤리와 도덕은 뒷전으로 밀려나고,오로지 살아남기 위해 수단과 방법을 가리지 않게 됩니다. 경쟁은 분명 우리를 자극하고 성장을 이끌어내는 원동력이 되기도 하지만, 건강하지 않은 방식으로 발현되면 인간 내면의 나약함과 악함을 끄집어내기도 합니다.

오징어 게임 주인공들의 행동 이면에는 생존에 대한 본능과 동시에 이기적인 욕망이 도사리고 있었죠. 그들은 살기 위해 발버둥치면서도 한편으론 승리에 대한 욕심을 놓지 않았어요. 돈에 대한 집착, 명예에 대한 열망이 점차 그들을 잠식해갔죠. 그런 마음이 극에 달하면 사람들은 때론 비윤리적인 선택도 서슴지 않게 됩니다. 선과 악의 기준은 모호해지고, 옳고 그름보다는 오로지 살아남는게 최우선시됩니다. 인간은 누구나 선한 면과 어두운 면을 함께 가지고 있습니다. 다만 극한의 환경에 몰리면 어두운 그림자가 더 짙게 드리워질 뿐입니다.

"너 아니면 나야"라는 생각에 사로잡히는 순간, 우리는 결국 파멸을 향해 질주하고 있는 것인지도 모릅니다. 그러니 가끔 멈춰 서서 자문해 볼 필요가 있습니다. 때론 한 발 물러서서 내가 진정 원하는 것이 무엇인지, 그것을 위해 어떤 방식으로 경쟁에 임할 것인지 돌아볼 필요가 있습니다

나는 어떻게 변했나요? 입사 당시의 '나'와 지금의 '나'를 비교해보세요. 어떤 점이 달라졌나요? 그 변화는 긍정적인가요? 경쟁은 나를 더 나은 사람으로 만들었나요, 아니면 무언가를 잃게 만들었나요? 내 핵심 가치는 무엇인가요? 어떤 상황에서도 포기하고 싶지 않은 가치는 무엇인가요?

조직에서 살아남으려면 적응력도 필요하지만, 자신만의 핵심 가치를 지키는 것 또한 잊어서는 안 됩니다. 오징어 게임의 성기훈처럼 말이에요. 그는 끝까지 인간성을 잃지 않으려 애썼죠. 우리도 그렇게 조직 내에서 흔들리지 않는 나만의 기준을 세워야 합니다. 과도한 경쟁이 빚어내는 폐해, 그것이 우리의 관계에 어떤 영향을 미치는지 돌아볼 시간이 필요합니다.

우선 자기 자신을 잘 알아야합니다. 자기 인식이라고도 합니다. 자기 인식은 자신의 감정과 행동을 이해함으로써, 다른 사람과의 효과적인 상호작용을 돕습니다. 자신을 잘 아는 사람일수록 타인을 더 신뢰하고, 상대방의 입장을 존중하며, 협력적인 관계를 구축하는 데 힘씁니다. 자기인식을 위해 가끔 내 가치관을 점검해 보시기 바랍니다. 일기를 쓰거나 명상을 하면서 내면을 들여다보는 시간도 도움이 됩니다. 내가 정말 소중하게 여기는 게 뭔지 곰곰이 생각해 보는 겁니다. 바쁠수록, 치열할수록 더 필요한 시간입니다.

가끔은 당당하게 목소리를 내야 할 때도 있어요. 조직의 결정에 무조건 따르기보다는, 필요하다면 건설적인 방식으로 의견을 표현하는 용기를 가져야 해요. 이는 조직의 발전은 물론, 나 자신의 정체성을 지키는 데에도 꼭 필요합니다.

멘토를 찾는 것도 도움이 됩니다. 조직에서 자기 색깔을 잃지 않으면서 성공한 분들을 찾아가 보세요. 조직 생활을 하면서 마주하는 고민과 난관들을 이미 경험하고 해결해 본 분들의 값진 조언을 들어보세요. 때로는 망설여지는 선택의 기로에서, 때로는 자신감을 잃고 방황할 때, 멘토의 한마디는 우리에게 큰 깨달음을 줍니다. 물론 멘토를 찾는 것이 쉬운 일은 아닙니다. 하지만 용기를 내서 다가가 보세요. 커피 한 잔 제안하며 대화를 청해보는 거예요. 진정한 멘토일수록 분명 자신의 경험을 나누고 싶어 할 겁니다.

나만의 선이 있어야 합니다. 어떤 상황에서도 절대 양보할 수 없는 'Red Line' 말이에요. 그 선을 지키기 위해 노력하세요. 나만의 선을 그어야 합니다. 그래야 내 자신을 보호하고, 조직 속에서도 나만의 색깔을 유지할 수 있습니다.

> *"경쟁은 사람들로 하여금*
> *더 열심히, 더 효율적으로 일하게 만듭니다.*
> *하지만 협력은 혁신을 가능케 합니다."*
> – 마거릿 휘틀리(Margaret Wheatley)

경쟁과 협력의 균형을 찾는 것이 현대 조직에서의 과제입니다. 조직에서의 경쟁과 협력의 균형을 찾는 일은 결코 쉽지 않습니다. 하지만 우리는 과도한 경쟁이 최선의 결과를 보장하지 않는다는 사실을 알고 있습니다. 마치 오징어 게임의 참가자들이 서로를 돕고 힘을 모아 더 나은 결과를 만들어 내듯이, 우리도 경쟁 속에서 협력의 힘을 발견해야 합니다.

제 2 부
생존의 게임, 그 안의 감정들

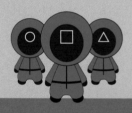

심리적 안전감 – 불안
업무 의미감 – 좌절
업무 몰입감 – 자신감
자율성 – 성취감
공정성 – 분노
동료 지원 – 연대감
목표 명확성 – 질투

오징어 게임을 관통하는 키워드 중 하나는 단연 '감정' 입니다. 극한의 상황 속에서 드러나는 인간의 다양한 감정 풍경은 시청자를 사로잡았습니다. 불안에 떨며 앞으로 나아가는 기훈의 모습, 절망 속에서도 희망을 놓지 않는 새벽의 눈빛, 승리에 대한 욕망으로 가득한 덕수의 미소까지. 그들 각자가 품은 감정의 그림자는 생존 게임의 명암을 더욱 깊이 있게 만들어 줍니다.

우리가 매일 마주하는 일터도 다양한 감정의 집합체입니다. 치열한 하루하루를 살아가다보면 자신도 모르게 감정의 소용돌이에 휩싸일 수 있습니다. 조직 속에서 느끼는 감정의 기복은 실로 다양합니다. 승진에 성공하거나 중요한 프로젝트를 따냈을 때의 쾌감, 반대로 누군가에게 밀려 좌절하고 무력감에 빠질 때의 절망, 빌런을 만나 비상식적 행위를 지켜볼 때의 분노까지. 아무리 감정 기복이 없는 사람이라고 해도 성취는 인간을 들뜨게 만들고, 실패와 비난은 상처를 만듭니다. 감정 조절에 실패하게 되면 나도 모르게 동료를 깎아내리고 적대시하는 모습을 보이기도 합니다. 비록 겉으로는 웃는 얼굴로 축하 인사를 건네지만, 속으로는 시기와 질투에 몸서리치고 있는 것이죠.

이런 감정의 동요는 사람을 지치게 만들기도 합니다. 특히 강박, 두려움, 시기, 질투, 분노 등의 어두운 감정이 지속되면 우울감이나 번아웃으로까지 이어지기도 합니다. 경쟁의 명암은 다양한 감정의 소용돌이를 몰고 오는데, 문제는 그것을 제대로 마주할 마음의 준비 또는 시간적 여유가 부족하다는 것이죠. 물론 적절한 불안감은 우리를 움직이게 하는 원동력이 되고, 선의의 경쟁심은 동기부여가 될 수 있습니다. 하지만 그 강도가 지나치면 오히려 우리의 성장과 공동체의 성과를 저해할 수 있습니다.'

경쟁은 감정을 만들어냅니다. 감정은 경쟁을 부추깁니다.

직장에서 우리가 맞닥뜨리는 감정은 결코 무시할 수 없는 힘을 가지고 있습니다. 감정은 개인의 역량 발휘와 조직 전체의 성과에 적지 않은 영향을 미칩니다. 감정에 휘둘리다 보면 우리는 어느새 경쟁의 정수를 잃어버리게 됩니다. 동료를 향해 칼을 겨눌 생각에 사로잡혀 정작 그들과 함께 이뤄야 할 목표를 잊어버리는 것처럼 말이에요. 감정 관리에 실패할 경우 구성원 개개인은 물론, 조직 차원의 손실도 불가피하게 되죠.

모든 부정적 감정을 피할 수만은 없는 노릇입니다. 극복도 말처럼 쉽지 않습니다. 중요한 건 그런 감정에 압도되지 않으면서도 적절히 마주할 수 있는 균형감각입니다. 감정이 건강하게 표출되고 잘 관리될 때 비로소 개인과 조직은 최고의 성과를 낼 수 있습니다.

2부에서는 수많은 감정 중에서도 조직 문화와 성과에 큰 영향을 미치는 주요 감정들에 주목해보겠습니다.

·심리적 안전감 – 불안
·업무 의미감 – 좌절
·업무 몰입감 – 자신감
·자율성 – 성취감
·공정성 – 분노
·동료 지원 – 연대감
·목표 명확성 – 질투

조직 안에서 일어나는 다양한 감정의 파도 속에서 우리는 어떻게 중심을 잡고 헤쳐나갈 수 있을까요? 나와 동료들의 마음을 어루만지며 건강한 경쟁을 이어나가기 위해선 무엇이 필요할까요?

지금부터는 이런 화두들을 안고 우리 마음속 감정들과 마주하는 시간을 갖고자 합니다. 오징어 게임 속 인물들이 느끼는 감정의 파노라마를 개괄해보려고 해요. 그것이 우리 삶에 어떤 메시지를 전하는지 살펴보겠습니다. 왜 불안해하는지, 왜 질투를 느끼는지, 그리고 어떻게 다시 희망을 품고 경쟁 속에서 살아남을 수 있는지 말입니다.

우리가 진정 원하는 것이 남을 짓밟고 홀로 서는 것이 아니라면, 조직 속 감정을 탐색하는 여정은 반드시 필요할 거라 믿습니다. 스스로를 옥죄던 부정적인 감정 사슬에서 벗어나, 타인과 더 깊이 공감할 수 있는 힘을 갖길 바랍니다. 경쟁 속에서 어떤 감정들이 우리를 이끄는지를 이해하고, 그것을 어떻게 활용해야 할지를 함께 고민해보는 시간이 되면 좋겠습니다. 개인의 삶과 조직의 성과를 견인하는 감정의 단서를 발견할 수 있기를 빕니다.

심리적 안전감 – 불안

우리가 가장 먼저 주목해 볼 감정은 '불안'입니다. 변화무쌍한 경쟁 속에서 불안은 누구나 한 번쯤 느껴봤을 법한 감정이죠. 하지만 조직 내에서의 불안은 단순히 개인의 심리 상태를 넘어, 전체 구성원들의 '심리적 안전감'과 직결되는 문제입니다.

심리적 안전감(psychological safety)은 직장에서 구성원이 자유롭게 자신의 의견을 내고, 실수나 실패에 대해 비난받지 않으며, 동료들로부터 신뢰받고 있다는 느낌을 받는 상태를 말합니다[7]. 내가 이 조직에 받아들여지고 존중받는다는 믿음, 실수를 해도 용납되고 격려받을 것이라는 신뢰의 정도입니다.

심리적 안전감이 높으면 사람들은 적극적으로 문제를 해결하고 창의적인 아이디어를 제안하게 됩니다. 하지만 이 안전감이 사라질 때, 반대로 불안에 휩싸이게 됩니다. 이 불안은 단순한 걱정이 아닌, 성과에 대한 부담과 경쟁에서의 실패가

7 Edmondson, A. C. (1999). Psychological safety and learning behavior in work teams. Administrative Science Quarterly, 44(2), 350-383.

오징어게임으로 본 인간과 조직 이야기

가져올 결과에 대한 두려움을 의미합니다.

심리적으로 불안전한 상태, 즉 조직 안에서의 불안은 조직에 대한 소속감과 신뢰감이 결여된 상태를 뜻합니다. 실수에 대한 두려움, 도전에 대한 망설임, 미래에 대한 막연한 공포까지. 불안은 다양한 얼굴로 우리 앞에 나타납니다.

오징어 게임 속 참가자들은 불안의 정서를 가득 안고 있습니다. 처음 게임에 참여했을 당시만 해도 참가들은 자신만만해 보였어요. 하지만 게임이 거듭되고 살벌해지는 경쟁의 룰을 깨달을수록 그들의 얼굴에는 불안이 서려갑니다. 탈락하면 죽음이라는 극한의 상황은 물론이고, 게임 진행 과정에서 드러나는 비인간적인 요소들. 신뢰할 수 없는 경쟁자들. 언제 닥칠지 모르는 위협들. 참가자들의 불안은 더욱 깊어져갑니다.

오징어 게임의 첫 번째 게임 '무궁화 꽃이 피었습니다'는 심리적 안전감이 사라진 순간 인간이 어떻게 불안에 빠지는지를 강렬하게 보여줍니다. 참가자들은 처음 이 단순한 어린 시절 놀이에서 가뿐히 살아남을 수 있을 거라 생각했지만, 첫 번째 탈락자가 총에 맞아 쓰러지자 모든 상황이 변합니다. 심리적 안전감은 완전히 무너지고, 참가자들은 이제 목숨을 건 경기에 몰입하게 됩니다. 그때부터 사람들은 생존에 대한 불안 속에서 전력으로 뛰기 시작합니다.

"이게 다 뭐야? 장난 아니잖아. 우리… 죽을 수도 있는 거야?"

첫 번째 총소리가 난 후 사람들은 충격에 빠진 상태에서 이렇게 말합니다. 이 대사는 바로 불안이 시작되는 지점을 상징합니다. 이 곳이 안전하지 않다는 깨달음, 그리고 자신의 생존을 책임져야만 한다는 압박이 참가자들을 휘감습니다. 불안은 게임 전반에 걸쳐 지속되며, 게임의 본질을 깨달은 참가자들은 불안 속에서 자신을 보호하기 위해 서로를 밀어내기 시작합니다.

직장에서도 심리적 안전감이 사라지면 구성원이 불안을 경험하게 됩니다. 실수를 하면 비난받거나 불이익을 받을 거란 두려움을 느끼는 순간, 구성원들은 자신의 생각을 자유롭게 표현하지 못하고 조직 내 협력과 창의성은 무너지기 시작합니다[8].

　심리적 안전감이 낮은 조직에서는 구성원들이 방어적인 태도를 취하게 됩니다. 자신이 불이익을 받지 않기 위해 실수를 숨기거나, 문제 해결을 미루고, 동료와의 협력보다는 자신만의 생존을 우선시하게 됩니다. 함께 일하는 동료들을 잠재적 위협으로 인식하고, 언제 어떤 평가를 받을지 모른다는 불확실성은 불안을 가중시키죠. 그 결과, 팀은 개별적으로 분열되고, 성과는 저하될 수밖에 없습니다.

　예를 들어, 프로젝트 회의에서 누군가 새로운 아이디어를 제안하려 하지만, 이전에 비슷한 상황에서 실패한 경험이 있어 동료들이 부정적으로 반응할 것을 두려워할 때, 그 구성원은 자신의 의견을 감춥니다. 오징어 게임 속 참가자들이 불안 속에서 자신을 보호하려 했던 것처럼, 구성원도 심리적 안전감이 없을 때, 자신의 의견을 자유롭게 내지 못하고 수동적인 태도로 전환하게 됩니다.

---

8 Lazarus, R. S., & Folkman, S. (1984). Stress, Appraisal, and Coping. Springer Publishing Company.

만약 일하는 분위기 마저 권위적이고 강압적이라면? 더욱이 구성원들이 자유롭게 의견을 개진하거나 창의적인 아이디어를 제안하기란 쉽지 않겠죠. 이는 곧 혁신과 발전의 걸림돌로 작용하게 됩니다.

반면 심리적 안전감이 확보된 조직은 어떨까요? 비판이나 질책에 대한 두려움이 없으니 맘껏 창의성을 발현할 수 있는 환경 속에서 사람들은 더욱 능동적으로 움직입니다. 구성원들은 서로를 신뢰하고 존중하며, 아이디어를 자유롭게 공유할 수 있습니다. 심리적 안전감이 높은 조직은 더욱 강력한 팀워크를 만들어냅니다.

구글에서 진행한 '아리스토텔레스 프로젝트'는 이를 뒷받침해주는 좋은 사례입니다. 구글은 180여 개 팀을 대상으로 성과에 영향을 미치는 요인을 연구했는데요. 그 결과 심리적 안전감이 가장 핵심적인 요소로 꼽혔습니다. 불안이 팽배한 문화에선 아무도 모험을 감행하려 들지 않습니다. 지나치게 안정만을 추구하다 보면 결국 제자리걸음만 반복할 뿐이죠. 반면 심리적 안전감이 확보된 환경에서는 구성원 모두가 도전할 수 있는 용기를 얻게 됩니다. 그리고 그 끝에 성장과 혁신이 기다리고 있습니다.

물론 조직에서의 불안 요소를 완벽히 제거하긴 어렵습니다. 심리적 안전감 역시 하루아침에 만들어지는 게 아니죠. 그럼에도 구성원 개개인의 불안에 귀 기울이고, 그들이 안심하고 일할 수 있는 환경을 만들기 위해 노력하는 것. 그것이 바로 건강한 조직문화의 출발점이 아닐까요. 불안에서 벗어나 비로소 구성원의 창의와 혁신의 날개를 펼칠 수 있도록 안전한 둥지를 만들어주세요. 그래야 높이 날 수 있는 법입니다.

경쟁이 치열한 조직에서도 심리적 안전감을 유지하는 것은 가능합니다. 그 과정에서 리더는 중요한 역할을 합니다. 다행히 현실은 오징어 게임처럼 목숨을 걸어야 하는 상황은 아닙니다. 조직의 리더는 구성원들에게 실수에 대한 포용적인 태도를 보이고, 새로운 도전에 대한 지지를 제공할 수 있습니다. 리더가 안전한 환경을 만들어줄 때, 구성원들은 불안감에서 벗어나 창의적이고 주도적인 행동을 하게 됩니다.

리더가 심리적 안전감을 조성하기 위해서는 일상적인 말과 행동에서 구성원들이 신뢰와 보호를 느낄 수 있도록 해야 합니다. 구체적으로, 다음과 같은 행동과 말이 심리적 안전감을

높이는 데 효과적입니다:

실수를 용인하고 학습 기회로 삼기[9]

실수를 했을 때, 리더는 이를 질책하는 대신 배움의 기회로 삼는 자세를 보여야 합니다. 실수에 대해 벌을 주기보다는, 실수에서 무엇을 배울 수 있을지 질문하고, 다음에는 어떻게 더 나은 결과를 낼 수 있을지 논의합니다.

"실수는 성장의 기회입니다. 이번 과정에서 우리가 놓쳤던 것이 있을까요?", "다음번엔 더 잘할 수 있을 겁니다. 이 경험을 통해 배웁시다."

이런 말은 구성원들의 실수에 대한 회복탄력성[10]을 높이고, 자유롭게 도전할 수 있도록 돕습니다. 실수가 비난이 아닌 성장의 과정으로 여겨질 때, 사람들은 지체하지 않고 다시 앞으로 나아갈 힘을 얻습니다. 뒷다리 잡는 언어, 제 자리에

---

9 Edmondson, A. C. (1999). Psychological safety and learning behavior in work teams. Administrative Science Quarterly, 44(2), 350-383.

10 역경, 트라우마, 비극, 위협 또는 심각한 스트레스 상황에 직면했을 때 이를 잘 견디고 회복하는 능력을 말합니다(American Psychological Association, 2014).

머무르는 언어가 아닌 앞으로 나아가는 언어를 나눠보세요.

의견을 환영하고 경청하기

회의나 토론에서 모든 구성원이 자유롭게 의견을 낼 수 있는 환경을 조성해야 합니다. 특히 리더는 경청하는 모습을 보여야 합니다. 눈을 맞추고, 끊지 않고 끝까지 의견을 듣고, 작은 의견이라도 피드백을 줍니다.

"여러분의 의견을 듣고 싶습니다. 이 사안에 대해 자유롭게 이야기를 들어볼 수 있을까요?", "이야기 줘서 고맙습니다", "그렇게도 생각해볼 수 있겠네요"

이런 말은 구성원들이 자신의 의견을 내는 데 두려움을 느끼지 않도록 하고, 의사소통의 활발함을 촉진합니다. 그 결과, 팀 내 의견 공유가 활발해지고 건강한 토론의 문화가 형성됩니다.

개인의 기여를 인정하고 칭찬하기

구성원의 성과나 노력을 인식하고 즉각적인 칭찬과 감사를 표현합니다. 이를 통해 구성원들은 자신의 일이 가치 있고,

팀에 중요한 기여를 하고 있다는 느낌을 받게 됩니다.

"이번 프로젝트에서 정말 중요한 역할을 해줬습니다. 당신이 없었으면 이 성과를 내지 못했을 겁니다." "당신의 노력이 빛을 발했습니다. 정말 고맙습니다."

칭찬과 감사는 심리적 안전감을 높여, 구성원이 존중받고 있다고 느끼게 합니다. 구성원으로 하여금 향후에도 더 자발적으로 업무에 참여하게 만드는 경험이 됩니다.

투명한 소통, 최대한의 공유

팀의 목표, 방향, 변화 등에 대해 투명하게 소통하고, 최대한의 정보공유를 합니다. 결정 과정에서 구성원들에게 피드백을 요청합니다. 리더가 모든 정보를 공개하지 않고 감추는 태도는 불안을 조장할 수 있습니다.

"OO 업무의 진행상황을 공유드립니다. 현재 XX%의 진척률을 보이고 있습니다. 회사에서는 이러한 결정을 검토중에 있습니다. 이와 관련해서 여러분의 생각도 궁금합니다", "이 프로젝트를 진행하면서 어려운 점이나 개선이 필요한 부분이 있다면 언제든 말씀해 주세요. 함께 해결방안을 찾아보겠습니다.", "평가 결과에 대해 궁금한 점이나 추가 피드백이 필요하신 분은 개별적으로 말씀해 주세요."

투명하게 정보를 공유하려고 노력하는 모습이 구성원들이 불안감을 덜어줍니다. 나아가 리더에게 더 강한 신뢰를 느낄 수 있습니다. 원활한 소통으로 더 큰 위기상황이나 실수를 사전에 예방할 수 있습니다.

리더의 취약성을 보여주기

리더도 인간입니다. 당연히 실수하고 약점이 많습니다. 구성원은 완벽한 리더를 원하는 것이 아닙니다. 함께 소통하고 문제를 해결해나가는 진정성 있는 리더를 원합니다. 그러니 실수와 약점을 솔직하게 인정하세요. 오히려 구성원들의 지지를 받을 수 있습니다.

"저 역시 이런 실수를 한 적 있습니다. 그때 저는 이런 방식으로 이 문제를 해결해나가려고 노력했는데 도움이 되었습니다.", "이번 결정에 저도 확신이 있는 건 아닙니다. 하지만 이미 결정된 사안이니 우리가 함께 머리를 맞대어 해결해나가면 좋겠습니다.", "여러분이 있어서 든든합니다"

리더가 취약성을 인정하면 구성원도 자신의 부족함을 더 자유롭게 드러낼 수 있습니다. 숨기고 감추고 아닌 척, 아는 척하면서 사태는 더욱 심각해지는 경우가 많습니다. 특히 핵심 인재일수록 리더의 취약성을 보완하기 위해 자신의 역량을 기꺼이 보태어 리더의 든든한 지원군이 되어줍니다.

결론적으로, 오징어 게임은 극단적인 상황 속에서 불안이 어떻게 인간을 변화시키는지 보여줍니다. 마찬가지로, 직장에서 심리적 안전감이 결여되면 구성원은 불안에 사로잡혀 적극적인 성과를 내지 못하게 됩니다. 경쟁 속에서도 심리적 안전감을 유지하는 것이 조직의 성과를 극대화하는 데 필수적입니다.

업무 의미감 – 좌절
업무 의미감(Meaningful Work)은 구성원이 자신의 일이 조직 내에서 그리고 개인적으로 중요한 가치를 지닌다고 느낄 때 발생하는 감정입니다[11]. 업무 의미감은 조직행동, 산업 및 조직심리학, 경영학 등의 분야에서 최근에 활발하게 다뤄지고 있습니다. 직무 만족, 조직 몰입, 직무 성과, 삶의 만족도 등과 밀접한 관련이 있는 것으로 알려져 있는데, 국내에서는 직장인 행복도를 다루는 블라인드 지수[12]에 포함되면서 관심도가 더 증가했습니다.

업무에서 의미를 찾을 때, 그 일은 더 이상 단순한 업무로만 그치지 않습니다. 구성원은 그 이상의 의미를 느끼며 더 큰 동기와 열정으로 업무에 임하게 됩니다. 반면, 업무 의미감을 느끼지 못하거나 성과가 기대에 미치지 못할 때, 구성원은 좌절감에 빠지기 쉽습니다. 좌절은 기대와 성과 간의 불일치에서 발생하는 주요 감정입니다. 좌절은 의욕을 잃고 동기 부여가 저하되는 주된 원인이 됩니다. 좌절감이 지속되면 당연히 장기적으로 조직 성과에도 부정적인 영향을 미치게 됩니다[13].

11 Hackman, J. R., & Oldham, G. R. (1976). Motivation through the design of work: Test of a theory. Organizational Behavior and Human Performance, 16(2), 250-27

12 https://www.teamblind.com/kr/blindindex2020/

13 Lazarus, R. S. (1991). Emotion and Adaptation. Oxford University Press

제2부 생존의 게임, 그 안의 감정들

오징어 게임 속 구슬 게임은 참가자들에게 큰 감정적 좌절감을 안겨준 게임 중 하나입니다. 이 게임에서 중요한 것은 단순한 구슬이 아니라, 참가자들 간의 신뢰와 관계, 그리고 승리의 의미입니다. 감정적 교류와 친밀함, 신뢰가 쌓인 관계에서 이제는 상대방을 이겨야만 살아남을 수 있는 상황에 놓이게 됩니다. 의미와 배신의 경계에 서게 됩니다. 성기훈은 자신이 게임에서 이기기 위해 오일남을 속이는 선택을 하지만, 그 과정에서 깊은 좌절과 죄책감을 느끼게 됩니다. 이 좌절감은 이기기 위해 자신에게 소중했던 가치를 잃어버리고, 게임의 의미마저 상실하면서 비롯된 것이었습니다.

그는 승리하기 위해 게임에 참여했지만, 그 승리가 더 이상 정당하지 않고 과정에서의 행위에 의미가 없다는 것을 깨닫습니다. 지금의 행위가 어떠한 의미가 있는지 스스로 반문했을 때, 그 의미를 찾지 못하자 좌절로 이어집니다.

조직에서 느끼는 업무 의미감은 개인의 동기부여와 성과에 큰 영향을 미칩니다. 구성원이 자신의 일이 조직 내에서 중요한 역할을 하고 있다는 의미를 느낄 때, 그 일에 대한 몰입도가 높아지고 결과적으로 더 나은 성과를 만들어냅니다. 업무 의미감은 구성원이 단순히 일을 완료하는 것을 넘어서, 그 일에 가치와 목적을 부여하게 만듭니다. 이는 창의적 사고와 문제 해결 능력을 높여, 조직 내 성과를 극대화합니다[14]. 오징어 게임 속 참가자들이 생존을 위한 승리 외에도 더 큰 의미를 찾으려 했던 것처럼, 직장에서도 구성원이 일에서 의미를 찾으면 그 성과는 더 커질 수밖에 없습니다.

반면, 업무 의미감이 상실되어 내가 하는 일이 개인적으로나 조직 안에서 크게 의미가 없다고 느낄 때, 구성원은 의욕을 잃고 좌절에 빠지게 됩니다. 좌절(frustration)은 개인이 추구하는 목표나 욕구를 충족하는 데 있어 방해가 되는 장애물이나 어려움에 직면했을 때 경험하는 불쾌하고 화나는 감정 상태를 뜻합니다. 보통 개인이 중요하게 여기는 목표를 달성하지 못하거나 진전이 더딘 경우, 기대와 결과 간의 불일치에서 발생합니다.

구성원은 자신의 성과가 인정받을 것이라는 기대 속에서

---

14 Pratt, M. G., & Ashforth, B. E. (2003). Fostering meaningfulness in working and at work. In K. S. Cameron, J. E. Dutton, & R. E. Quinn (Eds.), Positive Organizational Scholarship (pp. 309-327). Berrett-Koehler

일을 하지만, 조직 내에서 그 노력이 제대로 평가되지 않거나, 성과가 기대에 미치지 못할 때 좌절감을 느낍니다. 이러한 좌절감은 점차 업무에 대한 흥미를 잃게 만들고, 나아가 무력감과 통제능력 상실로까지 이어집니다. 당연히 성과는 저하되겠죠.

예를 들어, 중요한 프로젝트에서 큰 역할을 맡고 성과를 기대한 구성원은 자신의 노력이 인정받지 못했을 때 좌절감이 커집니다. 또는, 최선을 다했지만 결과가 기대에 미치지 못하면 업무에서 느끼던 의미는 점차 퇴색됩니다. 좌절의 감정이 지속되면 구성원은 더 이상 성과를 내기 위해 노력하지 않거나, 새로운 도전을 꺼리게 됩니다. 오징어 게임 속에서 성기훈이 구슬 게임에서 승리했지만, 그 승리에서 더 이상 의미를 찾지 못해 좌절했던 것처럼요. 결과적으로 성과 저하로 이어지고 조직의 혁신과 성장을 가로막게 됩니다.

조직에서 업무 의미감을 지속적으로 유지하려면, 구성원마다 자신의 일이 조직 내에서 중요한 역할을 하고 있다는 것을 명확하게 인식할 수 있도록 도와야 합니다. 이러한 노력은 구성원의 업무가 조직 전체의 목표 달성에 어떤 기여를 하고 있는지 구체적으로 보여주는 것에서 시작됩니다. 다음과 같은 방법을 통해 구성원들이 업무 의미감을 유지하고, 좌절을 극복할 수 있도록 도울 수 있습니다.

성과와 조직 목표의 연관성 강조

개개인의 업무가 조직 전체 목표와 어떻게 연결되어 있는지를 자주 소통해야 합니다. 우리는 종종 매일 반복되는 업무 속에서 자신의 일이 단순한 작업에 불과하다고 느끼기 쉽습니다. 하지만 우리 각자의 역할과 책임은 조직이라는 거대한 퍼즐을 완성하는 데 없어서는 안 될 소중한 조각입니다. 짧은 주기로 업무의 의미에 대해서 공유하고, 작지만 의미있는 성취가 있을 때 축하하는 소통을 진행해보세요.

구성원 개개인의 역할과 기여에 주목하고, 그것이 조직의 큰 그림에서 어떤 의미를 갖는지 자주 되새겨주는 것이 중요합니다. 작은 성과에도 축하와 격려를 보내는 일상적 소통을 통해 구성원들이 자신의 일을 단순한 '작업' 그 이상으로 인식하게 만들어야 합니다. 팀 회의, 일대일 미팅, 사내 게시판 등 다양한 채널을 통해 이러한 메시지를 전파할 수 있습니다. 우리 모두는 위대한 목표를 향해 나아가는 한 배의 승객이자

73

제2부 생존의 게임, 그 안의 감정들

동료입니다. 서로의 역할과 기여를 인정하고 축하하는 문화
야말로 조직을 성장으로 이끄는 원동력이 될 것입니다.

개인의 강점과 성과를 인정하기

우리 모두는 자신만의 고유한 강점과 재능을 가지고 있습
니다. 조직에서 자신의 강점을 발견하고 조직의 성공에 스스
로 기여를 했다고 느끼는 경험은 잊지 못할 소중한 내적 자산
입니다. 우리는 종종 실수나 부족한 점에 주목하느라 개인의
강점과 성과를 간과하기 쉽습니다. 하지만 작은 성공의 순간
마다 가까운 사람들끼리 강점을 칭찬하고 그 가치를 일깨워
주는 것이야말로 개인의 행복과 조직의 성장 동력을 확보하
는 지름길입니다. 자신의 재능을 인정받고 가치 있게 여겨진
다는 느낌은 구성원들로 하여금 좌절을 이겨내고 더 큰 도전
을 향해 나아가게 하는 원천이 됩니다.

피드백으로 지속적인 성장 지원

성장은 우리 모두의 끝없는 여정입니다. 때로는 실수를 겪
고 좌절할 때도 있지만, 그 순간이 오히려 우리를 한 단계 더
발전시키는 디딤돌이 될 수 있습니다. 좌절은 마치 계절처럼
삶에 찾아옵니다. 계절이 순환하듯 인생에는 기쁨, 행복, 슬

품, 좌절이 연결됩니다. 그러니, 이 여정에서 서로가 방향을 잃지 않도록 건설적인 피드백을 나눠줄 이정표 같은 동반자가 있어야 합니다. 건설적 피드백은 단순히 결과에 대해 비판하는 것이 아니라, 과정에서의 노력과 성장 가능성에 주목합니다. 따듯한 격려를 포함합니다.

"이번에는 예상만큼 결과가 나오지 않았지만, 우리가 이 과정에서 배운 것을 바탕으로 다음번에 더 잘할 수 있습니다. 당신의 시도는 매우 의미 있었고, 더 발전시킬 여지가 충분합니다. 다음에는 OOO 한 점을 더 신경 써보면 어떨까요"이러한 건설적 피드백으로 구성원은 자신의 부족한 점을 깨닫는 동시에, 앞으로 어떻게 발전할 수 있을지에 대한 통찰을 얻게 됩니다.

의미 있는 도전 과제 부여

단순히 일상적인 업무를 할당하는 것이 아니라, 그들의 잠재력을 최대한 끌어낼 수 있는 의미 있는 과제를 부여해야 합니다. 이는 현재 구성원의 역량 레벨에서 조금은 긴장감을 유발하는 수준이면 좋습니다. 작은 성공의 경험들이 모여 자신감도 생기고 역량도 강해집니다. 처음부터 잘하는 사람은 드물죠. 과거에 만났던 한 상급 관리자는, 단순 작업은 막내사원이 무조건 해야한다는 생각을 갖고 있었습니다. 구성원의 창의성과 도전 의식, 성향 파악보다는 직급에 따라 상대방을 다르게 대하곤 했습니다. 성실하고 창의적인 데다, 열정도 넘치던 막내 사원 입장에서 보면, 업무 기회의 제한과 도전의 지속적 박탈은 큰 좌절로 이어질 수 있습니다. 자신의 잠재력을 발휘할 수 없고, 자신의 역량이 제대로 가치 평가받지 못한다는 인식에 사기가 떨어지면서 업무에 대한 의미와 보람을 찾이 어려워 질 수밖에 없습니다. 이는 장기적으로 업무 몰입도와 생산성 저하로 이어질 수 있습니다. 이런 상황이 반복되면, 막내 사원은 조직에 대한 불신과 냉소주의에 빠질 수도 있습니다.

"아무리 열심히 해도 인정받지 못할 거야", "이 조직에서는 내가 성장할 수 없어" 같은 부정적인 생각이 자리 잡게 되면, 결국 이직을 고민하거나 아예 직장 생활 자체를 포기하게 될 수도 있습니다. 무엇보다 이는 관리자의 무능함을 드러내는 단적인 사례입니다. 구성원 개개인의 역량과 열정을 파악하고, 그들이 조직에 기여할 수 있는 최적의 방법을 찾아주는 것은 리더의 핵심 역할입니다. 단순히 연차나 직급에 따라 업무를 기계적으로 배분하는 것은 올바른 리더십이 아닙니다. 구성원들의 다양한 재능과 아이디어를 활용하지 못하고, 일부 인력에게만 업무가 편중되는 비효율적인 구조 속에서는 혁신과 변화를 주도할 신선한 시각이 사장되고, 조직은 점차 경직되고 침체될 수밖에 없습니다. 연차나 직급에 관계없이 누구나 도전적인 과제에 몰입할 수 있는 환경을 조성하는 것, 그것이 진정한 리더의 역할이자 업무 의미감을 높여 성공적인 조직으로 나아가는 길입니다.

좌절감에 대한 공감과 지원 제공

인간이라면 누구나 경험하는 좌절을 이해하고, 조직에서 공감해줄 때 구성원은 다시 일어설 수 있는 힘을 얻습니다. 좌절감의 무게를 혼자 감당하다보면 더 심한 무력감과 통제력 상실로도 이어질 수 있습니다. 조직 차원에서는 큰 손실입니다. 진심 어린 공감과 지원을 제공받으면, 구성원은 더 이상 혼자가 아님을 느끼고 소속감과 업무 의미감을 다시 꺼내어 느낄 수 있습니다. 제도적인 정서 지원 프로그램도 도움이 되고 CEO 레터 발송, 관리자들을 통한 전파 등을 활용해볼 수 있습니다. 어떠한 채널을 이용하든 그 안에서 진정성 있는 감정 터치가 이루어지면 좋습니다. 지원이 필요한 부분과 해결 방안을 찾는 노력을 보이면 진정성이 느껴집니다. 일상 속에서 함께 일하는 동료들이 "지금 당신이 느끼는 좌절감이 얼마나 큰지 이해합니다. 하지만 당신이 겪고 있는 이 경험은 결국 스스로를 더 강하게 만들 겁니다. 내가 필요할 때 언제든 이야기해주세요." 라고 말해주면, 그들은 자신의 어려움이 단순히 실패가 아니라 성장의 과정임을 깨닫게 됩니다. 리더가 진심으로 공감하고 있다는 것을 느낄 때, 구성원은 정서적으로 안정감을 얻고, 좌절 속에서도 새로운 힘을 얻어 다시 도전할 용기를 얻을 수 있습니다. 그리고 공감과 지원은 서로 받으려고 하기 이전에 내가 먼저 제공한다는 마음이 더 바람직합니다. 서로 먼저 실천하려고 노력할 때 비로소 공감과 지원의 가치가 현실화 됩니다.

업무 몰입감 – 자신감

업무 몰입감(Engagement)은 구성원이 자신의 업무에 깊이 몰입하여 집중하는 상태를 말합니다[15]. 구성원이 조직의 가치와 목표에 깊이 공감하고, 조직의 성공을 위해 자발적으

---

15 Csikszentmihalyi, M. (1990). Flow: The Psychology of Optimal Experience. Harper & Row

오징어게임으로 본 인간과 조직 이야기

로 노력하는 상태로, 업무에 대한 몰입뿐만 아니라 조직에 대한 애착과 충성도도 포함됩니다. 몰입 상태에서는 시간이나 환경의 제약을 잊고 주어진 업무에만 몰두하게 됩니다. 도전적인 과제도 긍정적으로 받아들이며 이를 통해 크고 작은 성취를 누적해나갑니다.

자신감(Self-confidence)은 자신의 능력, 판단, 가치에 대한 확신과 믿음을 의미합니다. 이는 개인이 삶의 다양한 영역에서 도전과 과제를 성공적으로 해낼 수 있다는 자기 확신과 연결됩니다. 자신감의 근간에는 자기 효능감과 자아 존중감이 자리하고 있습니다. 자신이 해낼 수 있다는 확신, 스스로를 가치 있는 존재로 믿는 마음가짐이 있어야 진정한 자신감이 싹트게 되는 것이죠.

자신감 있는 사람들은 도전을 기회로 여기고, 실패를 성장의 발판으로 삼는 경향이 있습니다. 또한 자신의 의견과 권리를 적절히 표현할 수 있으며, 건강한 대인관계를 형성하는 데 유리하죠. 자신감은 선천적으로 타고나기도 하지만, 후천적으로 개발하고 향상시킬 수 있는 특성이기도 합니다. 자기 이해, 목표 설정, 작은 성공의 경험 축적 등을 통해 자신감을 키워나갈 수 있습니다.

　업무몰입감과 자신감은 자전거 앞바퀴-뒷바퀴 같습니다. 업무에 몰두하고 열정을 쏟을 때, 우리는 성취감과 만족감을 경험하게 됩니다. 작게는 하루의 할 일을 완수했다는 뿌듯함 부터, 크게는 프로젝트의 성공적 마무리가 가져다주는 쾌감 까지. 이런 경험들이 모여 "나는 할 수 있다"는 자기 효능감 이 생기죠. 성공의 경험이 누적되며 스스로를 가치 있고 존경 받을 만한 존재로 여기게 되니 건강한 자아 존중감이 형성됩 니다. 이러한 성공의 경험과 긍정적인 자기 평가가 자신감의 원천이 되고, 자신감을 통해 더욱 업무에 몰입할 수 있으니 자신감과 업무몰입감은 서로를 강화하는 선순환 관계에 있 다고 할 수 있습니다.

　오징어 게임 속 유리 다리 게임은 참가자들이 전적으로 몰 입해야만 생존할 수 있는 게임입니다. 이 게임에서는 참가자 들은 일렬로 서서 차례로 유리 위를 건너가야 갑니다. 강화유 리를 밟아야만 살아남을 수 있습니다. 한 사람의 실수는 뒷 사람에게는 성공의 단서로 작동됩니다. 참가자들은 몰입해 야만 하는 긴장감 속에서 자신의 판단력과 결정을 믿고 나아가야 합니다. 이 때, 유리 장인 출신의 참가자는 유리의 소리를 듣고 구별해내는 자신의 전문성에 몰입하게 됩니다. 그는 빛의 굴절을 통해 유리의 종류를 알아내며, 자신의 능력을 발휘하고, 그 순간 잠깐 동안이나마 자신감을 되찾습니다.

이 장면은 업무에서 몰입과 자신감이 어떻게 연결되는지를 상징적으로 보여줍니다. 참가자들은 목숨이 걸린 게임에서 모든 에너지를 몰입하게 되며, 자신의 전문성에 의존해 극한 상황을 헤쳐나갑니다. 몰입을 할 수 없는 환경이 조성되자 결국 유리 장인도 몰입과 자신감을 잃고 무너집니다. 이는 직장에서 몰입의 방해 요소가 있을 때, 구성원의 자신감이 어떻게 약해지고 성과가 저하될 수 있는지를 상징적으로 보여줍니다.

누구나 직장생활 중 자신감과 업무 몰입감이 흔들리는 순간을 마주합니다. 상사의 부당한 질책, 동료와의 갈등, 업무 실수로 인한 좌절감 등은 우리의 마음에 상처를 남기곤 하죠. 만약 이런 상황이 반복되면 "나는 이 일을 잘 할 수 없어"라는 부정적 자기 인식이 자리 잡게 됩니다. 업무에 대한 흥미와 열정은 점점 사그라들고, 출근 자체가 두려운 일이 되어버

81

제2부 생존의 게임, 그 안의 감정들

립니다.

자신감이 떨어진 구성원은 종종 소극적이고 방어적인 태도를 보입니다. 새로운 도전을 마다하고, 실수할까 봐 두려워 아무것도 하지 않으려 들죠. 회의석상에서도 자신의 의견을 내놓기를 주저하고, 비난받을까 전전긍긍합니다. 이는 팀 전체의 사기를 떨어뜨리고, 협업과 소통의 질을 저하시키는 요인이 됩니다.

더욱 안타까운 것은 구성원의 업무 몰입감이 떨어졌을 때 개인과 조직이 치르는 대가입니다. 몰입감을 잃은 구성원은 업무의 질에 무관심해지고, 성과는 눈에 띄게 하락하기 마련이죠. 창의성과 혁신의 불씨도 서서히 꺼져가며, 이는 장기적으로 기업 경쟁력에 치명적인 타격을 줄 수 있습니다. 결국 자신감과 몰입감의 저하는 개인의 성장 기회 상실로 그치지 않고 조직 전체의 역동성을 약화시키게 됩니다.

업무 몰입감과 자신감을 유지하기 위한 필요사항

한 가지 희망적인 사실은, 자신감과 몰입감은 회복 가능한 자원이라는 점입니다.

하버드비즈니스스쿨의 Amabile과 Kramer(2011)의 연구는 업무몰입감과 성과에 대한 흥미로운 통찰을 제공합니다.[16] 238명의 지식근로자를 대상으로 진행한 연구 결과, 업무에서의 진전 경험은 그 크기와 무관하게 강력한 동기부여 요인으로 작용했는데, 이를 연구자들은 '일의 진전의 원리(The Progress Principle)'라고 명명했습니다. 반면, 업무상의 좌절과 방해 요인들은 업무몰입과 내적 동기를 크게 저하시켰습니다. 이 때 변혁적, 지원적 리더십 스타일이 구성원들의 몰입도를 높이는 반면, 과도한 통제와 감시는 역효과를 냈습니다. 또 하나 흥미로운 점은 금전적 보상이나 인정은 단기적으로는 업무몰입을 이끌어냈지만, 장기적으로는 자신의 일에서 의미와 성장 가능성을 발견하는 것이 더 중요한 요인이었다는 사실입니다. 이 연구는 사소해 보이는 날마다의 업무 진전이 구성원들의 몰입을 이끄는 강력한 원동력임을 보여줍니다.

강점 및 성향 기반의 업무역할

어떤 이는 꼼꼼함으로 무장하여 분석적 사고에 뛰어나고,

---

16 Amabile, T. M., & Kramer, S. J. (2011). The power of small wins. Harvard Business Review, 89(5), 70-80.

어떤 사람은 창의성이 넘쳐 새로운 아이디어를 제안할 때 신이 납니다. 또 다른 이는 탁월한 소통 능력을 자랑합니다. 이처럼 다양한 재능들이 모여 조직을 이루게 되죠.

개개인의 장점을 살리고 성향에 맞는 업무를 맡게 되면, 자신감이 생기고 업무몰입감이 높아집니다. 자신의 장기를 마음껏 발휘할 수 있기 때문이죠. 만약 섬세함과 인내심이 요구되는 업무를 직관과 속도감으로 일을 처리하는 직원에게 맡긴다면 어떻게 될까요? 아마 그는 일에 대한 흥미를 금세 잃어버리고 지속되는 실수에 좌절감을 느끼게 될 수 있습니다.

물론, 모든 사람이 내가 잘하는 것만 할 수 없습니다. 좋아하는 일만 할 수 없습니다. 우리는 종종 자신의 강점과는 거리가 있는 업무를 마주하게 됩니다. 조직의 필요에 따라, 때로는 개인의 선호와 무관하게 주어진 역할을 감당해야 하는 것이 직장인의 숙명이기도 하죠. 조직의 입장에서도 모든 구성원의 강점과 성향에 맞춰 업무 역할을 배분하는 것은 결코 쉬운 일이 아닙니다. 인력과 자원의 제약, 변화하는 시장 상황 등 고려해야 할 변수가 너무나 많습니다. 더욱이 소규모 조직이나 스타트업의 경우, 한 사람이 여러 역할을 동시에 소화해야 하는 상황이 빈번합니다. 한 사람이 마케터이자 영업

사원, 기획자이자 디자이너가 되기도 합니다. 이런 상황에서 개개인의 강점에 맞는 업무 배분은 사치처럼 여겨질 수도 있습니다. 당장 눈앞의 과제를 해결하기에도 버거운데, 구성원 각자의 재능을 고려한 섬세한 업무 설계란 그야말로 꿈같은 이야기처럼 들리니까요.

그럼에도 불구하고, 우리는 이 문제를 간과해서는 안 됩니다. 비록 완벽한 방식은 아니더라도, 지속적으로 구성원들의 강점을 살리려는 시도가 필요합니다. 조직의 장기적인 성장을 돕기 때문입니다. 작은 규모의 회사라면 오히려 구성원 개개인에 대한 이해도가 높고, 유연한 업무 설계가 가능한 법입니다. 구성원의 강점과 선호를 파악하고 점차 비중을 높여갈 수 있습니다. 여건상 완벽할 순 없겠지만, 구성원 개개인의 재능에 주목하고 그것을 육성하려는 조직의 진심 어린 노력은 결코 헛되지 않을 것입니다.

따라서 리더는 구성원 개개인의 독특한 재능과 성격을 관찰하고 이해하는 데 힘써야 합니다. 그리고 그들의 강점을 십분 활용할 수 있어야 합니다. 창의적 사고가 필요한 신규 프로젝트에는 아이디어뱅크로 통하는 직원을, 분쟁 조정이 필

85

요한 상황에서는 뛰어난 대인 능력을 가진 구성원을 전면에 내세우는 식입니다. 모두가 제자리에서 빛날 때 우리는 비로소 하나의 멋진 작품을 완성할 수 있습니다.

비효율적, 소모적 업무 최소화

업무 몰입감과 자신감을 유지하는 데 있어 '비효율적이고 소모적인 업무를 제거'하는 것도 중요한 과제입니다. 생산성과 직결되지 않는 불필요한 업무들은 구성원들의 에너지를 갉아먹고, 정작 중요한 일에 집중할 여력을 잃게 만듭니다. 끊임없이 반복되는 단순 작업, 불명확한 지시로 인한 혼선, 과도한 문서작업과 형식적인 회의 등은 업무 흐름을 끊어놓고 구성원들을 지치게 하죠. 이는 곧 업무에 대한 흥미와 열정을 잃게 만드는 주범입니다.

자신의 시간과 노력이 헛되이 쓰이고 있다는 인식은 자존감에 큰 타격을 줍니다. "내가 하는 일이 과연 가치 있는 걸까?"라는 의문은 점차 자신감을 잠식하게 되고, 결국 업무에 대한 몰입도가 큰 폭으로 떨어지게 됩니다. 자신이 하는 일의 가치에 대해 회의를 느끼게 되면, 일에 대한 열정과 동기부여가 사라지게 마련입니다. 실제로 다수의 연구 결과도 이를 뒷받침합니다. 한 설문조사에 따르면, 직장인의 87%가 "하루 중 많은 시간을 불필요한 업무로 낭비하고 있다"고 응답했습니다. 또 다른 연구는 과도한 문서작업으로 인해 직원들의 사기와 생산성이 크게 떨어진다는 사실을 확인했죠. 이처럼 비효율적이고 소모적인 업무가 만연할수록 구성원들은 무력감을 느끼고, 조직에 대한 불신과 냉소주의에 빠지기 쉽습니다.

따라서 조직은 구성원들이 몰입할 수 있는 업무 환경을 만들기 위해 노력해야 합니다. 불필요한 일을 걸러내고, 업무 프로세스를 합리화하며, 구성원들의 자율성과 창의성이 발휘될 수 있는 토양을 마련해 주어야 하죠. 물론 현실적인 제약으로 인해 모든 비효율을 제거하는 것은 불가능 할 수 있습니다. 어쩔 수 없이 반복적이고 소모적인 업무를 수행해야 하는 상황도 있기 마련이죠. 이럴 땐 진솔하게 소통해야 합니다. 왜 이런 업무가 필요한지, 그것이 조직의 목표 달성에 어떻게 기여하는지를 구체적으로 설명하고 공감을 이끌어내야 합니다. 그 과정에서는 구성원들의 불만과 제안에도 귀기울이는 열린 자세가 중요합니다. 더불어 그런 업무를 수행하는 구성원들의 노고를 인정하고 보상하는 일도 잊어서는 안 됩니다. 불필요한 관행과 낭비 요소를 제거해 나가는 한편, 모두가 마음껏 역량을 발휘할 수 있는 환경을 조성해 나간다면 우리는 활기차고 생산적인 일터를 만들어갈 수 있을 것입니다.

업무몰입을 위한 구성원 개인의 자세

조직의 노력만큼 중요한 것은 업무에 몰입하며 자신감을 회복하려는 개개인의 자세입니다. 아무리 조직이 효율적인 업무 환경을 조성하고 적극적으로 지원한다 해도, 그것을 어떻게 받아들이고 활용하는지는 결국 개인의 몫이기 때문입니다. 조직은 구성원들이 업무에 몰입할 수 있는 토대를 마련해 주는 데까지 노력해볼 수 있습니다. 그러나 그 토대 위에서 실제로 열정을 불어넣고 자신감을 키워나가는 것은 개인의 의지와 실천에 달려 있습니다.

업무 환경이 열악하고 조직의 지원이 부족하다면, 어떻게 업무에 몰입할 수 있냐고 반문할 수 있습니다. 물론 모든 환경이 완벽하게 갖춰지고 지원이 풍부하다면 좋겠지만, 그런 이상적인 상황에 있는 직장인은 많지 않을 겁니다. 만약 환경이 쉽게 바뀌지 않는다면, 자신이 통제할 수 있는 부분에 집중하여 스스로 업무 몰입 환경을 만들어보는 것은 어떨까요.

구체적으로 어떤 노력을 기울일 수 있을까요. 무엇보다 시간관리의 중요성을 강조하고 싶습니다. 자신의 업무 패턴과 에너지 레벨을 면밀히 분석하여, 가장 집중력이 높은 시간대에 중요한 일을 배치하는 것이 효과적입니다. 또한 업무를 세분화하여 우선순위를 정하고, 계획을 세워 실천해 나가는 습관을 들이는 것도 도움이 되죠. 이를 통해 자투리 시간조차 효율적으로 활용할 수 있게 됩니다.

체력 관리 또한 간과할 수 없는 요소입니다. 규칙적인 운동과 건강한 식습관은 업무에 임하는 우리의 에너지 레벨을 높여주고, 스트레스에 대한 저항력을 기릅니다. 또한 충분한 휴식과 수면을 통해 몸과 마음을 재충전하는 것도 매우 중요하죠. 외부 환경이 열악할수록 자기 자신을 잘 돌보는 일에 소홀해서는 안 될 것입니다.

주어진 환경에 매몰되기보다는 그 안에서 할 수 있는 일을 찾아 실천해보면 좋겠습니다. 그래야 삶에 대한 자신감이 회복되어 행복함을 자주 느낄 수 있으니 말이예요.

자율성 - 성취감

자율성은 구성원이 자신의 업무를 스스로 결정하고 자기
주도적으로 해결할 수 있을 때 느끼는 감정입니다[17]. 자율성
의 중요성은 자기결정 이론(Self-Determination Theory,
SDT)을 통해 설명됩니다. 이 이론은 자율성이 인간의 동기
부여와 성취감을 촉진하는 핵심 요소 중 하나라고 말합니다.
자율성이 보장된 구성원은 자신이 업무를 주도적으로 이끌
어 나갈 수 있다는 자신감을 느끼며, 업무에서 성취감을 얻습
니다. 자율적으로 업무를 처리하고 성과를 냈을 때, 그 성취
감은 구성원의 동기부여와 자기효능감을 크게 증가시킵니
다. 이를 통해 구성원들은 더 높은 성과를 창출하게 되며, 조
직 내에서 자신의 가치를 인식하게 됩니다.

오징어 게임 속 줄다리기 게임은 자율성과 성취감의 상호
작용을 상징적으로 보여줍니다. 이 게임에서 참가자들은 협
력해야만 승리할 수 있지만, 그 과정에서 각자의 자율적인 역
할 수행이 중요했습니다. 특히, 오일남이 제시한 전략을 바탕
으로 팀원들이 자율적으로 협력하면서 팀이 역경을 이겨내

---

17 Deci, E. L., & Ryan, R. M. (1985). Intrinsic Motivation and Self-Determination
in Human Behavior. Springer

고 승리했을 때, 이들은 생존이라는 큰 성취감을 느끼게 됩니다. 이 게임은 단순한 힘 싸움이 아닌, 각자의 자율적인 판단과 역할 분담이 승리를 이끄는 중요한 요소임을 보여줍니다.

조직 내에서 자율성은 '구성원들이 자신에게 주어진 업무를 어떻게 수행할지 결정할 수 있는 권한'을 뜻합니다. 자율성이 높은 환경에서는 구성원들이 자신의 방식으로 업무를 처리하며, 이 과정에서 책임감과 동기부여가 자연스럽게 상승하게 됩니다. 업무를 성공적으로 완수했을 때의 성취감은 구성원에게 자신감과 더 큰 동기부여를 부여하며, 이는 장기적으로 조직의 성과에 긍정적인 영향을 미칩니다.

반대로 자율성이 제한되면 구성원은 자신의 역할에 대한 주도권을 상실하고, 그로 인해 성과에 대한 만족도와 성취감이 저하됩니다. 이러한 환경에서는 구성원들이 수동적으로 행동하게 되어 창의성과 도전 의지가 감소하게 되며, 이는 조직의 혁신과 성장에 부정적인 영향을 미칠 수 있습니다[18].

---

18 Edmondson, A. C. (1999). Psychological safety and learning behavior in work teams. Administrative Science Quarterly, 44(2), 350-383.

제2부 생존의 게임, 그 안의 감정들

명확한 목표, 자율적 과정

리더는 팀원들에게 명확한 목표를 제시하면서, 그 목표에 도달하는 방법은 스스로 결정할 수 있도록 자율성을 부여해야 합니다. 리더가 세세한 지시를 내리는 대신, 방향성을 제시하고 구성원이 스스로 해결책을 찾도록 격려해야 합니다. 자율성의 다른 말은 선택입니다. 자유를 준다는 말이 아닙니다. 목표 달성을 위해 구성원이 선택할 수 있는 다양한 방법이 있다면, 자율성을 보장받는 것입니다.

"이번 프로젝트의 목표는 OO입니다. 목표 달성을 위해 우리가 고려해볼 만한 방법은 A,B,C 정도가 있을텐데요, 이 중에서 어떠한 방법이 가장 최적이라고 생각하시나요? 선택은 당신에게 맡기겠습니다. 혹은 제가 미처 생각하지 못한 방법이 있다면 자유롭게 제안해주세요"

자율성을 보장 받은 구성원은 자기 주도적으로 일을 해결하며, 더 큰 책임감을 느끼게 됩니다. 이를 통해 성과를 창출했을 때 성취감은 배가 됩니다. 물론 모든 업무마다 방식을 선택할 수 있는 건 아닙니다. 정해진 방식대로만 해야 될 경우에는 그 이유를 설명해주면 됩니다. 자율성을 보장받고자

하는 것은 인간의 본능적 욕구에 가까우므로, 그 욕구가 위반되는 상황일 경우에는 설명을 통해 납득을 시키면 됩니다.

조직 내 시스템과 프로세스

자율성을 증진하기 위해서는 조직 내 시스템과 프로세스의 정비가 뒷받침 되어야 합니다. 의사결정 권한을 구성원에게 적절히 위임하고, 유연한 근무 환경을 조성하는 것은 자율성 향상의 기본 전제라 할 수 있습니다. 아울러 자율적 업무 수행을 통해 달성한 성과를 명확하게 평가하고 보상하는 체계를 갖추는 것도 중요합니다. 이러한 자율성 보장 시스템이 내재화되면, 구성원들은 스스로 더 많은 의사결정을 내리게 되고, 이를 통해 성취감을 경험하며 성과에 대한 동기부여가 고취됩니다.

이 과정에서 인사 부서의 역할이 크게 작용합니다. HR은 구성원들의 역량과 적성을 고려하여 자율성을 기반으로 성취감을 느낄 수 있는 직무를 적재적소에 배치해야 합니다. 더불어 구성원들이 자율성을 발휘하여 성과를 창출할 수 있도록 개인별 맞춤형 역량 개발 프로그램을 제공하는 것도 HR의 핵심 과제입니다. 이를 통해 구성원 개개인은 주도적으로 자신의 역할을 발전시키고, 성취를 통해 자신감을 강화하게 됩니다. 직무 적합성과 자율성이 보장된 환경 속에서 구성원은 더욱 큰 성취감을 경험하며, 조직 내 자신의 역할을 능동적으로 수행하게 될 것입니다.

결국 자율성이 살아 숨쉬는 조직 문화를 만들기 위해서는 시스템과 프로세스의 정비, 그리고 HR의 전략적 역할 수행이 유기적으로 어우러져야 합니다. 구성원 개인의 자율성과 조직의 지원 시스템이 선순환을 이루며 상호 발전하는 방향성을 만들어가야 합니다.

동료 간의 협력

개인의 자율성을 최대한 보장받는다는 것은 그에 상응하는 결과에 대한 책임도 함께 진다는 의미입니다. 더 나은 결과를 위해서는 동료들의 도움이 필요할 수 있기에 협력을 이끌어 낼 수 있는 능력 또한 갖추어야 합니다.

자율성은 단순히 개인에게 주어지는 자유를 의미하지 않습니다. 그것은 책임감과 직결되는 개념으로, 자율적으로 업무를 수행하는 만큼 그 결과에 대해서도 스스로 책임을 질 준비가 되어 있어야 합니다. 이는 자율성의 본질적 의미이자, 그

오징어게임으로 본 인간과 조직 이야기

것이 가진 무게감이라고 할 수 있습니다.

하지만 개인의 역량만으로는 항상 최선의 결과를 담보하기 어려울 수 있습니다. 보다 품질 높은 성과를 위해서는 동료들의 협력과 지원이 필요한 것이 사실입니다. 그렇기에 자율성을 발휘하는 과정에서 협력의 가치를 인식하고, 적극적으로 동료들과 협업할 수 있는 역량을 갖추는 것이 중요합니다. 결국 진정한 의미에서의 자율성이란, 책임감을 바탕으로 한 주도적인 업무 수행과 함께, 필요한 순간에는 동료들과의 협력을 이끌어낼 수 있는 능력을 포괄하는 개념이라고 할 수 있습니다. 이 두 가지 요소가 균형을 이룰 때, 비로소 개인의 자율성은 조직의 성장과 발전으로 이어지는 원동력이 될 수 있을 것입니다.

팀원들이 서로의 자율성을 존중하기 위해서는 일상 속 작은 실천들이 필요합니다. 그 출발점은 개개인의 업무 스타일과 방식을 인정하는 것에서부터 시작됩니다. 어떤 이는 독립적으로 일할 때 더 빛을 발하고, 또 어떤 이는 협업의 시너지를 통해 에너지를 얻습니다. 이처럼 각자의 개성과 강점을 존중하고 수용하는 것이 자율성의 토대가 되는 것입니다.

나아가 의사결정의 과정에서도 팀원들 간의 신뢰가 바탕이 되어야 합니다. 서로의 판단을 믿고, 각자의 방식대로 목표를 향해 나아갈 수 있는 자유를 부여하는 것이 진정한 의미에서의 자율성일 것입니다. 때로는 실수나 우회로가 있을 수 있습니다. 하지만 그 과정 또한 성장의 기회로 여기고, 불필요한 간섭보다는 응원과 지지를 보내는 태도가 필요합니다.

이를 위해 리더는 팀원 개개인의 강점과 능력이 최대한 발휘될 수 있도록 적재적소에 역할을 부여하고, 스스로 해낼 수 있다는 믿음을 주는 것이 중요합니다. 명확한 목표를 제시하되, 그 목표에 다다르는 방법은 각자의 몫으로 남겨둘 수 있습니다. 결과에 대한 기대를 전달하되, 과정에 대한 믿음 또한 함께 전하는 것이 자율성을 북돋는 리더의 자세라 할 수 있습니다.

더불어 팀원들 간에도 서로의 의견을 경청하고, 피드백을 존중하는 문화가 자리 잡아야 합니다. 상대방의 제안이 가치 있음을 인정하고, 열린 마음으로 소통해야 합니다. 조언과 피드백은 강요가 아닌 선택으로 받아들이는 태도가 자율성을 존중하는 방식입니다.

협력은 하루아침에 만들어지는 것이 아닙니다. 그것은 평소 업무를 대하는 자세와 동료들과의 관계에서 꾸준히 쌓아온 신뢰에서 비롯됩니다. 자신의 역할에 최선을 다하고, 동료들의 노력을 인정하며, 서로 지원하고 소통하는 과정 속에서 신뢰의 씨앗이 뿌리내리게 되는 것입니다. 따라서 자신의 자율성을 진정으로 보장받기 위해서는 일상에서부터 동료들과의 신뢰를 씨앗처럼 심는 자세가 필요합니다. 이렇게 육성한 자율성과 협력의 토대 위에서라면 최상의 성과를 기대해 볼 수 있습니다.

이렇게 일상에서 축적된 신뢰의 자산은 자율성을 보장받는 토대가 됩니다. 동료들로부터 신뢰를 얻은 개인은 더 큰 자율성을 부여받게 되고, 그 자율성을 바탕으로 더욱 책임감 있게 업무에 몰입할 수 있게 됩니다. 나아가 이는 협력으로도 이어지는데, 신뢰할 수 있는 동료라면 어려운 순간에도 기꺼이 협력의 손길을 내밀 것이기 때문입니다. 신뢰로 다져진 자율성과 협력의 문화야말로, 개인과 조직이 함께 성장하는 밑거름이 될 것입니다.

공정성 - 분노

공정성은 조직 내에서 구성원들이 느끼는 평등한 대우와 공정한 평가에 대한 감정을 말합니다. 구성원은 자신의 성과와 노력이 공정하게 평가받고 있다고 느끼면 조직을 신뢰하고 일할 맛이 더 납니다. 그러나 반대로 불공정한 대우를 받는다고 느끼면, 구성원은 분노를 느끼고 조직에 대한 불만이 쌓이게 됩니다. 이는 개인의 성과 저하뿐만 아니라 조직 내 관계에 부정적인 영향을 미칠 수 있습니다.

오징어 게임 속 야간 살인 게임은 참가자들이 더 이상 규칙과 공정성이 존재하지 않는 상황에서 벌어진 끔찍한 게임입니다. 각자가 자신의 생존을 위해 무질서 속에서 폭력적 행동을 서슴지 않고 벌입니다. 게임이 진행되는 동안 참가자들은 자원 배분이 불공정하다고 느끼면서 상대방을 공격합니다. 여기서 우리는 규칙이 무너지고 불공정한 상황이 발생했을 때, 인간이 느끼는 분노와 그로 인한 극단적인 행동을 목격하게 됩니다. 이는 조직 내에서 공정성이 결여되었을 때 느끼는 감정적 반응과도 비슷합니다.

조직에서 공정성이란 구성원들이 자신이 기여한 만큼 정당한 평가를 받고, 공평한 보상을 받을 수 있다는 믿음으로 발현됩니다. 이 공정성은 크게 절차적 공정성(평가와 결정 과정의 투명성)과 분배적 공정성(성과에 따른 보상 분배의 공정성)으로 나눌 수 있습니다[19]. 절차가 투명하고 이에 따른 보상의 기준이 명확하다고 느끼면 구성원은 조직에 대한 신뢰를 유지하고 긍정적 동기부여를 얻습니다[20]. 하지만 투명성과 명확성이 결여되었다고 느끼거나, 자신이 충분한 기여를 했음에도 불구하고 정당한 평가를 받지 못하거나, 노력에 비해 낮은 보상을 받는다고 생각하면 분노를 느끼게 됩니다[21]. 이러한 분노는 동료들과의 경쟁 관계를 더욱 악화시키고, 조직에 대한 불만이 쌓여 성과 저하와 팀 내 갈등을 불러일으킵니다[22].

불공정에 대한 분노는 구성원의 마음에 깊은 상처를 남기

19 Greenberg, J. (1987). A taxonomy of organizational justice theories. Academy of Management Review, 12(1), 9-22

20 Adams, J. S. (1965). Inequity in social exchange. In L. Berkowitz (Ed.), Advances in Experimental Social Psychology(Vol. 2, pp. 267-299). Academic Press

21 Thibaut, J., & Walker, L. (1975). Procedural justice: A psychological analysis. L. Erlbaum Associates.

22 Lind, E. A., & Tyler, T. R. (1988). The social psychology of procedural justice. Springer

고, 소외감과 배신감을 유발합니다. 한 사람의 부정적 감정
은 마치 독한 물방울처럼 퍼져나가, 팀 전체의 사기를 저하시
키고 분위기를 악화시킵니다. 불공정에 대한 논의과 각자의
불만에 사로잡히며 공동의 목표를 향해 힘을 모으는 힘이 약
해집니다.

　이러한 불신과 분노는 리더십에 대한 불신으로까지 이어질
수 있습니다. 공정성의 훼손은 대부분 리더의 불공정한 의사
결정이나 불투명한 정보 공유에 의해 발생될 수 있기 때문입
니다. 공정성은 조직의 건강을 유지하는 데 있어 가장 중요한
가치 중 하나라고 할 수 있습니다. 물론 이는 하루아침에 이
루어질 수 있는 일이 아닙니다. 하지만 공정성을 향한 작은
실천들이 모여 조직문화를 바꿀 수 있다는 믿음을 가지는 것
이 중요합니다. 모두가 공정성의 가치를 내재화하고, 이를 행
동으로 옮기기 위해 노력할 때, 우리는 비로소 신뢰와 협력,
그리고 혁신이 꽃피는 건강한 조직을 만들어갈 수 있을 것입
니다.

리더의 정보공유

　공정한 조직문화를 만들기 위해서는 무엇보다 리더의 역할

이 중요합니다. 리더는 모든 의사결정에 있어 일관성과 투명성을 유지해야 하며, 구성원들의 의견에 귀 기울이는 열린 자세를 가져야 합니다. 나아가 조직 내 불공정한 요소들을 적극적으로 찾아내고, 이를 개선하기 위해 노력해야 할 것입니다.

평가 과정에서의 불공정함을 예방하려면, 리더가 평가와 보상 기준을 명확히 알려주고, 모든 구성원이 이를 이해할 수 있도록 소통하는 것이 중요합니다. 전사적 평가기준 자체를 변경하기는 어렵기 때문에 리더부터 충분히 기준을 학습하고 구성원 한명 한명에게 정성스럽게 설명하는 자세가 요구됩니다.

"이번 성과 평가 기준은 팀 전체에 공지된 바와 동일하게 적용됩니다. 평가 과정은 공정하게 진행될 것이며, 이와 관련해 궁금한 점이 있으면 언제든지 문의해 주세요."

명확한 기준과 투명한 소통이 있다면 구성원들은 평가의 공정성을 믿게 되고, 그로 인해 불만이나 분노를 줄일 수 있습니다.

정기적 진단과 이의 제기 절차

조직 내에서 공정성을 유지하고 강화하기 위해서는 정기적인 진단과 이의 제기 절차를 마련하면 도움이 됩니다. 먼저,

조직은 구성원들이 느끼는 공정성을 정기적으로 평가할 수 있는 체계를 갖추어야 합니다. 이를 위해 공정성에 대한 설문 조사와 진단을 주기적으로 실시하고, 설문 결과에 대한 투명한 피드백을 제공하는 절차가 필요합니다. 예를 들어, 설문 조사 후 결과를 바탕으로 구성원들과 간담회를 열어 구체적인 문제점을 논의하고, 개선할 수 있는 실질적인 대책을 마련하는 것이 효과적입니다. 이러한 피드백 과정은 구성원들이 조직에 대한 신뢰를 더욱 깊이 느낄 수 있도록 도와줍니다.

또한, 구성원들이 불공정하다고 느끼는 평가나 처우에 대해 이의를 제기할 수 있는 공식적인 절차를 마련하는 것이 필수적입니다. 이를 위해 온라인 이의 제기 시스템이나 익명의 건의함과 같은 채널을 구축할 수 있습니다. 이러한 시스템을 통해 구성원들이 불만 사항을 편리하게 제기할 수 있습니다. 제기된 문제는 객관적이고 공정하게 처리되어야 합니다. 예를 들어, 이의 제기 절차를 통해 접수된 사항은 독립적인 공정성 위원회에서 검토하며, 처리 결과에 대해 투명하게 구성원들에게 보고하는 것이죠.

이의 제기 사항이 실제로 반영되었는지 여부를 추적하고,

오징어게임으로 본 인간과 조직 이야기

개선된 부분을 지속적으로 모니터링하는 체계도 함께 마련되면 더 도움이 됩니다. 이를 통해 구성원들은 자신이 제기한 문제에 대한 신뢰를 느끼고, 조직이 적극적으로 개선하려는 의지를 확인할 수 있습니다. 결과적으로, 정기적인 공정성 진단과 이의 제기 절차는 조직이 구성원의 목소리를 경청하고, 실질적인 변화를 만들어가는 데 중요한 역할을 합니다.

상시성과관리

조직 공정성을 확립하는 데 있어 상시성과관리도 효과적인 도구입니다. 기존의 연말 평가나 반기평가 및 단편적인 성과 점검에서 벗어나, 상시성과관리를 통해 구성원의 공정성 인식을 높일 수 있습니다.

상시성과관리의 핵심은 바로 끊임없는 피드백과 명확한 목표 설정에 있습니다. 구성원들은 자신의 업무 진행 상황과 목표 달성도에 대해 상시로 피드백을 받음으로써, 성과 평가가 공정하고 투명하게 이루어지고 있음을 실감할 수 있습니다. 이는 평가에 대한 불신과 불만을 해소하고, 구성원들이 성과 관리 체계를 신뢰할 수 있는 토대를 마련해줍니다.

나아가 상시성과관리는 개인별 맞춤형 피드백과 팀 단위 성과 리뷰로 구현됩니다. 관리자는 각 구성원의 역할과 책임에 기반한 개별 피드백을 제공함으로써, 구성원들이 자신의 강점을 발휘하고 약점을 보완해 나갈 수 있도록 도울 수 있습니다. 또한 정기적인 팀 성과 리뷰를 통해, 팀의 목표 달성 현황을 점검하고 구성원 간 협업의 시너지를 평가하는 것도 도움이 됩니다.

이렇듯 상시성과관리는 단순히 평가에 그치는 것이 아니라, 구성원 개개인의 성장과 발전을 고양하는 방향으로 나아가야 합니다. 구성원들이 평가 과정에서 받은 피드백을 자신의 역량 개발에 활용할 수 있도록 지원하고, 성과 관리를 통해 구성원들이 지속적으로 성장하고 있음을 실감할 수 있게 해야 할 것입니다.

이 과정에서 동료 간 협력과 기여도에 대한 공정한 평가가 이루어질 때, 구성원들은 진정한 공정성을 체감할 수 있을 것입니다. 무엇보다 상시성과관리의 성패를 가르는 것은 투명하고 합리적인 성과 기준의 설정입니다. 모든 구성원에게 동일한 기준과 잣대가 적용되어야 하며, 주관적 판단을 최소화하기 위한 노력이 필요합니다. 이를 위해 다면평가, 동료평가

등 다양한 평가 방식을 도입하고, 필요하다면 외부 전문가의 의견을 참고하는 것도 좋은 방법이 될 수 있습니다. 구성원들이 어떤 기준으로 평가받는지 명확히 인지하고, 그 기준이 공정하다고 느낄 때 비로소 상시성과관리는 빛을 발할 수 있습니다. 따라서 성과 기준 설정 단계부터 구성원들의 의견을 적극 수렴하고, 조직의 비전과 목표에 부합하는 기준을 수립하는 것이 무엇보다 중요합니다.

체계적이고 일관된 상시성과관리의 도입은, 조직 내 공정성 인식을 높이고 구성원들의 신뢰를 얻는 데 큰 도움이 될 것입니다. 공정성의 가치를 구성원 경험의 제 1원칙으로 내재화하고, 이를 조직 운영의 핵심 원칙으로 삼는다면, 우리는 모두가 인정하고 신뢰하는 일터를 만들어갈 수 있을 것입니다. 지금 바로 공정성을 향한 변화의 시작을 알리는 것은 어떨까요?

동료 지원 - 연대감

'최복동'이라고 들어보셨나요. 최고의 복지는 동료라는 뜻입니다. 최근에 더욱 동료 간 유대감은 강조되는 듯 합니다. 동료 지원은 조직 내에서 구성원들이 서로를 돕고 지지하는 관계를 말합니다. 조직 안에서 동료들로부터의 지지는 스트레스를 완화하고 번아웃을 예방하는 데 매우 효과적인 것으로 알려지고 있습니다.

오징어게임에서 마지막 게임을 앞두고, 새벽은 자신이 무사하지 못할 것을 예감합니다. 그리고 자신의 동생을 기훈에게 부탁합니다. 이는 단순한 부탁이 아닌, 동료에 대한 신뢰와 의지를 담은 결정입니다. 기훈은 새벽에게 "같이 살아나가자"라고 말하죠. 두 사람은 극한의 경쟁 속에서도 서로를 배려하고, 함께 나아갈 수 있는 방법을 찾으려 합니다. 이 장면에서 드러나는 두 사람의 관계는 동료지원과 연대감의 본질을 잘 보여줍니다. 조직 내에서도 개인이 경쟁 속에서 혼자 생존하는 것이 아닌, 동료들과 함께 목표를 달성하고 서로를 돕는 연대감을 필요로 합니다.

어려운 업무 상황에 직면했을 때 동료들이 실질적인 도움을 제공하면, 개인은 혼자 모든 문제를 해결해야 한다는 부담감에서 벗어날 수 있습니다. 동료들은 업무 경험과 지식을 공유하고, 해결 방법을 제시하거나 자신의 시간을 할애해 직접적인 지원을 제공할 수 있죠. 이로 인해 혼자서만 해결해야 할 때 보다 효율적으로 업무를 처리할 수 있고, 문제 해결 과정에서 스트레스가 경감됩니다. 예를 들어, 동료가 서류 작업을 함께 해주거나, 기술적 문제를 해결할 때 도움을 주는 것만으로도 스트레스 수준은 크게 줄어듭니다.

또한 감정적인 스트레스는 업무의 난이도나 불확실성에서 비롯될 수 있는데, 동료들의 정서적 지지는 이를 완화하는 도움을 줄 수 있습니다. 동료들과의 대화를 통해 고충을 나누는 것만으로도 마음이 가벼워지고, 감정적 스트레스를 덜어주는 효과가 있습니다. 예를 들어, 프로젝트 마감이 임박한 상황에서 동료가 "나도 비슷한 상황을 겪었었어"라고 공감해주면, 긴장감이 줄어들죠.

동료들의 지지를 받는 환경에서는 직원들이 업무에 대한 압박감을 혼자 감당하지 않기 때문에, 과도한 업무 부담으로 인한 번아웃을 예방할 수 있습니다. 혼자 문제를 짊어지는 것이 아니라, 팀 전체가 함께 해결책을 찾는 분위기는 개인에게 심리적인 휴식과 여유를 제공합니다. 장기적으로 보면, 이러한 지원은 직원들이 더 오래, 더 건강하게 업무를 지속할 수 있도록 도와줍니다. 이는 생산성을 유지하고, 조직에 대한 만족도를 높이는 중요한 요소입니다.

결과적으로, 동료 지원에 따른 연대감은 업무 스트레스를 효과적으로 완화하는 데 중요한 역할을 합니다. 동료 간의 협력과 지지는 문제 해결의 효율성을 높이고, 감정적 부담을 줄여주기 때문에 개인이 보다 건강하게 일할 수 있도록 도와줍니다. 이러한 지원은 번아웃 예방에도 기여하며, 장기적으로 조직 내 긍정적인 문화와 성과 향상에 중요한 기초가 되겠지요.

연대감은 동료들 간의 지원을 통해 형성되는 중요한 감정입니다. 연대감은 구성원들이 자신이 소속된 조직이나 팀 내에서 서로에게 의지하고 협력할 수 있다는 느낌을 받을 때 형성됩니다. 동료들이 서로를 지지하고 지원할 때, 팀은 더욱 강력한 결속력을 가지게 되고, 각 구성원이 개인의 성과를 넘어 공동의 목표를 향해 나아가게 됩니다[23].

연대감이 높을수록 구성원들은 팀의 성공을 개인의 성공으

23 Mathieu, J. E., Gallagher, P. T., Domingo, M. A., & Klock, E. A. (2019). Emphasizing team-centric leadership and meeting team performance challenges. Human Resource Management Review, 29(4), 100705.

로 여기며, 공동의 목표를 위해 더 큰 노력을 기울이게 됩니다[24]. 연대감은 특히 도전적인 프로젝트나 압박감이 심한 상황에서 중요한 역할을 합니다. 동료들과의 연대감은 다양한 경험과 아이디어를 공유하게 만들어 문제 해결의 가능성을 높이고, 심리적 지지를 통해 어려운 상황에서도 서로를 격려하고 동기를 부여합니다. 개인이 포기하기 쉬운 순간에도, 연대감은 팀원들이 서로를 의지하며 목표를 향해 나아가게 하는 원동력이 됩니다. 구성원들이 함께 일하는 동료들이 있다는 사실을 인식할 때, 그들은 더 강한 책임감과 소속감을 느끼고, 이를 바탕으로 성과를 극대화할 수 있습니다.

정기적인 팀 빌딩 활동

함께 웃고, 함께 땀 흘리며, 함께 목표를 향해 달려가는 과정 속에서 우리는 진정한 팀워크의 가치를 깨달을 수 있습니다. 팀 빌딩 활동은 단순히 즐거운 시간을 보내는 것 이상의 의미를 가집니다. 이 활동은 팀원들 간의 유대감을 다지고, 서로에 대한 이해와 신뢰를 깊이 있게 만드는 소중한 기회입니다.

---

24 Hu, J., & Liden, R. C. (2015). Making a difference in the teamwork: Linking team prosocial motivation to team processes and effectiveness. Academy of Management Journal, 58(4), 1102-1127

팀 빌딩 활동을 더욱 의미 있게 만들기 위해서는 전략적인 접근이 필요합니다. 조직은 분기별 또는 월별로 정기적인 팀 빌딩 활동을 계획함으로써, 구성원들이 자연스럽게 협력의 문화를 체득할 수 있도록 해야 합니다. 이때 목표 중심의 협력 게임이나 워크숍을 활용하는 것은 매우 효과적일 수 있습니다. 제한된 시간 내에 주어진 문제를 함께 해결하거나, 공동의 목표를 설정하고 이를 달성해나가는 과정은 서로의 강점을 발견하고 시너지를 창출하는 소중한 경험이 될 것입니다.

나아가 업무 외적인 활동도 도움이 됩니다. 하이킹이나 스포츠, 혹은 함께 요리를 만드는 시간 등 일상에서 벗어난 활동을 통해 우리는 서로를 새롭게 발견할 수 있습니다. 평소에 나누기 어려웠던 이야기를 편안한 분위기 속에서 공유하고, 서로에 대한 이해의 폭을 넓혀갈 수 있는 기회입니다. 이는 단순히 개인적 관계 형성을 넘어, 업무에서의 협력을 더욱 원활하게 만드는 씨앗이 됩니다.

사실 팀 빌딩 활동의 진정한 완성은 업무 이후에 이루어지는 성찰과 피드백 과정에 있습니다. 함께 활동하며 느낀 점을 공유하고, 서로의 강점과 개선점에 대해 진솔하게 이야기 나누는 시간을 가져야 합니다. 이 과정에서 우리는 협력의

오징어게임으로 본 인간과 조직 이야기

진정한 의미를 깨우치고, 더 나은 팀워크를 위해 무엇이 필요한지 고민할 수 있게 될 것입니다. 나아가 이러한 피드백은 일회성에 그치는 것이 아니라, 일상 속에서 지속적으로 실천되어야 합니다. 서로에 대한 관심과 배려, 그리고 건설적인 피드백의 교환은 우리 팀을 더욱 단단하게 만드는 원동력이 될 것입니다.

강조하지만, 팀 빌딩 활동은 단순한 이벤트가 아닌 협력의 문화를 만들어가는 소중한 과정입니다. 정기적이고 전략적인 팀 빌딩 활동을 통해 우리는 서로에 대한 이해와 신뢰를 깊이 있게 쌓아갈 수 있습니다. 나아가 이는 개개인의 역량 강화는 물론, 조직 전체의 성장과 발전으로 이어질 것입니다.

동료 지원 프로그램

멘토링 프로그램과 버디 프로그램은 구성원들이 서로를 이해하고 지지하는 문화를 만드는 데 일조합니다. 멘토링 프로그램은 경험과 지혜를 가진 선배 직원이 후배들의 성장을 돕는 아름다운 동행입니다. 멘토는 업무적인 노하우를 전수할 뿐만 아니라, 인생의 선배로서 멘티들에게 따뜻한 조언과 응원을 보냅니다. 정기적인 만남을 통해 멘티들의 고민을 듣고,

함께 해결책을 모색하는 과정 속에서 우리는 진정한 유대감을 쌓아갈 수 있습니다. 이는 단순히 멘토와 멘티 사이의 관계를 넘어, 조직 전체에 연대와 협력의 문화를 확산시키는 촉매제가 됩니다.

신규 입사자에게는 버디 프로그램을 적용해볼 수 있습니다. 새로운 환경에 적응하는 것은 누구에게나 쉽지 않은 과제입니다. 하지만 곁에서 든든히 지원해주는 버디가 있다면, 이 과정은 훨씬 수월해질 수 있습니다. 버디는 업무적인 조언자일 뿐만 아니라, 신규 입사자가 마음 놓고 의지할 수 있는 정서적 지지자이기도 합니다. 첫 3개월 동안 버디와 주기적으로 만나며 조직 생활 전반에 대한 이야기를 나누는 시간은, 신규 직원들의 성공적인 조직 적응을 도울 뿐만 아니라, 동료애와 유대감을 한층 공고히 만듭니다.

이러한 프로그램이 진정한 의미를 갖기 위해서는 지속성과 상호성이 무엇보다 중요합니다. 멘토링과 버디 프로그램을 통해 형성된 관계가 일회성 이벤트에 그치지 않고, 장기적인 유대로 이어질 수 있도록 해야 하죠. 동료 지원 프로그램은 우리 사회에 필요한 끈끈한 연대의식을 일깨우는 좋은 본보기가 될 수 있습니다. 나 홀로 잘 되는 것이 아닌, 서로를 아끼고 돕는 삶의 자세야말로 우리가 지향해야 할 가치입니다. 조직 내에서 작은 실천으로 시작된 상호 지원의 문화가 우리 사회 전반에 건강한 바람을 불어넣을 수 있기를 기대해 봅니다.

협력적 행동에 대한 보상

협력은 조직의 성장을 위해 추구해야 하는 핵심적인 가치 중 하나입니다. 하지만 이러한 가치가 단순히 구호에 그치지 않고 일상에서 실천되기 위해서는, 협력적 행동을 장려하고 보상하는 체계적인 시스템이 필요합니다.

그 첫 걸음은 바로 협력을 정의하고 평가할 수 있는 명확한 지표를 설정하는 것입니다. 단순히 매출이나 생산성 같은 수치로 환원할 수 없는 협력의 가치를 어떻게 가시화할 수 있을까요? 동료를 도운 횟수, 팀을 위해 공유한 지식의 양, 협력을 촉진하기 위해 주도한 회의의 수... 이러한 구체적인 기준을 통해 우리는 협력의 언어를 만들어갈 수 있습니다.

협력의 가치를 인정하는 보상은 금전적인 측면도 중요하지만, 그에 못지않게 협력의 가치를 상징적으로 인정하는 것 또한 의미가 있습니다. 분기별, 연도별로 가장 협력적인 직원과 팀을 선정하여 시상하고, 이들의 노고를 공식적으로 치하하는 것은 어떨까요? 나아가 교육 기회나 승진 등의 혜택을 부여하는 것도 좋은 방법입니다. 협력이 개인의 성장과 직결되는 경험이 된다면, 자연스레 모두가 협력의 주체가 되고자 할 것입니다.

특히 팀 단위의 협력을 장려하는 보상 제도는 주목할 만합니다. 팀이 함께 이뤄낸 성과에 대해 공동의 보상을 제공한다면, 팀원들은 자연스레 서로의 역할과 강점에 집중하게 될 것입니다. '함께'의 가치를 경험한 팀은 어떤 도전 앞에서도 흔들리지 않는 끈끈한 공동체로 성장할 수 있을 것입니다.

이러한 보상 제도가 진정성을 갖기 위해서는, 협력의 순간을 일상에서 발견하고 서로 나누는 문화가 뒷받침되어야 합니다. 동료의 도움으로 어려운 문제를 해결한 사례, 팀원 간의 소통으로 혁신을 이뤄낸 경험 등을 정기적으로 공유하는 것이 필요합니다. 사내 공지글이나 월별 카드뉴스를 활용해볼 수 있겠습니다.

무엇보다 이 모든 과정을 이끄는 리더의 역할이 크다는 사실을 잊어서는 안 됩니다. 리더 스스로가 솔선수범하여 협력의 가치를 실천할 때, 구성원들도 자연스레 그 가치를 내재화할 수 있습니다. 리더는 일상에서 끊임없이 협력의 순간을 포착하고, 이를 인정하고 격려하는 데 노력을 아끼지 말아야 할 것입니다.

작은 실천들이 모여 큰 변화를 이끌어낼 수 있다는 믿음을 가지고, 우리 모두 동료의 지지을 얻는 주인공이 되어 봅시다. 당신의 하루가 더 행복하길 바랍니다.

목표 명확성 – 질투

누구나 명확한 목표를 가지고 일할 때 비로소 집중력을 발휘하고, 더 나은 성과를 기대하게 됩니다. 반면 목표가 모호하거나 그 과정이 불투명하다면 어떠한 감정이 싹트기 시작할까요. 이 때 발현되는 감정 중의 하나가 '질투' 입니다. 질투와 경쟁의 심리적 기제에 대한 연구는 조직 내에서의 사회적 비교 이론(Social Comparison Theory)을 바탕으로 설명되곤 합니다[25]. 누군가 더 나은 성과를 내거나 앞서가는 모습을 보게 될 때, 그 차이가 이해되지 않으면 우리는 그 상대를 질투하게 되고, 그 감정은 종종 협력을 방해하는 요인이 되는 것이죠. 질투는 인간이 본능적으로 느끼는 감정입니다. 하지만 이 감정이 잘 관리되지 않으면 팀워크를 해치고, 성과를 저하시킬 수 있습니다. 질투는 갈등을 유발하고, 구성원 간의 불신을 초래하기 때문에, 조직은 이 감정을 건강하게 관리할 필요가 있습니다.

오징어 게임 속 구슬 게임은 명확한 목표와 질투가 얽혀 있는 장면 중 하나입니다. 각 참가자는 상대방의 구슬을 빼앗아 생존해야 하는 상황에 놓입니다. 여기서 중요한 것은, 상대방과의 경쟁 속에서 우리가 얼마나 질투와 불안을 느끼는가입니다. 내가 이기지 않으면 패배와 죽음이 기다리고 있기 때문에, 상대의 우월함을 질투하면서도 나 역시 이기기 위한 전략을 고민하게 됩니다. 이 과정은 목표를 둘러싼 경쟁과 그로 인해 생겨나는 질투가 인간에게 얼마나 큰 영향을 미치는지를 보여주는 상징적 장면입니다.

25 Garcia, S. M., Tor, A., & Gonzalez, R. (2006). Ranks and rivals: A theory of competition. Personality and Social Psychology Bulletin, 32(7), 970-982

오징어게임으로 본 인간과 조직 이야기

상우와 알리의 대결에서 그 감정은 더욱 분명히 드러납니다. 알리가 계속해서 구슬 게임에서 이기자, 상우는 점점 불안해지고, 그 불안은 질투와 의심으로 변해갑니다. 그는 알리가 자신을 속이고 있는 것이 아니냐며 분노를 표출하고, 어떻게 계속 이길 수 있느냐고 따져 묻습니다. 이 장면은 패배에 대한 두려움과 상대방의 우월함에 대한 질투심이 상우의 내면에서 격렬하게 소용돌이치고 있음을 극적으로 보여줍니다. 결국, 상우는 불안과 질투 속에서 이성적인 판단력을 잃게 되고, 상대방을 의심하는 마음은 점점 커져만 갑니다. 이러한 부정적인 감정에 사로잡힌 상우는 결국 공정한 경쟁의 범주를 벗어나 비열한 속임수를 쓰는 선택을 하게 됩니다. 이러한 과정은 경쟁 속에서 목표 달성을 위해 인간이 느끼는 불안, 질투, 그리고 그로 인해 발생하는 행동 변화를 보여줍니다.

목표 설정 이론(Goal-Setting Theory)은 명확하고 도전적인 목표가 동기부여와 성과 향상에 어떻게 기여하는지를 설명합니다[26]. 명확한 목표는 개인과 팀이 무엇을 해야 하는

---

26 Locke, E. A., & Latham, G. P. (2002). Building a practically useful theory of goal setting and task motivation: A 35-year odyssey. American Psychologist, 57(9), 705-717

지, 그리고 어떻게 성과를 내야 하는지를 분명하게 해 줍니다. 목표가 분명할 때, 구성원들은 그 방향을 따라 집중하며, 효율적으로 일을 추진할 수 있습니다.

하지만 목표가 모호하거나 그 과정에서 공정하지 않은 평가가 이루어진다고 느껴질 때, 사람들은 자신의 성과를 인정받지 못한다는 불안에 빠지기 쉽고, 주변의 성공을 보며 질투를 느끼게 됩니다. 질투는 특히 성공의 기준이 불투명할 때 강하게 나타납니다. 명확한 기준 없이 누구는 더 나은 평가를 받고, 누구는 더 큰 보상을 받을 때, 그 차이에 대한 설명이 충분하지 않다면 구성원들은 그 불공정함을 질투하게 되고, 이는 조직 내 갈등과 불만으로 이어질 수 있습니다[27].

SMART 목표 설정법

조직 내에서 목표의 불명확성으로 인한 질투나 불만을 줄이고, 각 구성원이 협력할 수 있는 환경을 조성할 수 있는 방안으로 SMART 목표 설정법을 활용해볼 수 있습니다. 목표를 명확하고 구체적으로 설정하여 구성원들이 혼란 없이 업

---

27 Garcia, S. M., Tor, A., & Gonzalez, R. (2006). Ranks and rivals: A theory of competition. Personality and Social Psychology Bulletin, 32(7), 970-982

오징어게임으로 본 인간과 조직 이야기

무에 집중할 수 있도록 도와주는 방법이죠. SMART는 Specific (구체적), Measurable (측정 가능), Achievable (달성 가능), Relevant (관련성), Time-bound (기한 명시)의 약자입니다.

우선 목표는 모호하지 않고 명확하게 정의되어야 합니다 (Specific). 각 팀 또는 구성원이 맡은 업무에 대한 구체적인 목표를 명시적으로 설정하는 것이죠. 예를 들어, "올해 매출을 올린다"라는 모호한 목표 대신, "2024년 4분기까지 기존 고객군 매출을 10% 증가시킨다"와 같은 명확한 목표를 설정합니다. "브랜드 인지도를 높인다"라는 목표 대신 "6개월 이내에 소셜 미디어 팔로워 수를 20% 증가시킨다"와 같이 구체적인 수치를 포함한 목표를 설정하면 됩니다.

이러한 목표의 달성 여부는 객관적으로 평가할 수 있도록 정량적 또는 정성적 지표가 필요합니다(Measurable). 이미 목표에 수치가 포함되었기 때문에 정량적으로 측정할 수 있습니다. 만약 측정 가능한 지표가 없는 경우 고객 만족도, 프로젝트의 일정 준수 등 정성적 지표를 추가로 설정할 수 있습니다.

목표는 현실적이어야 하며, 구성원들이 이를 달성할 수 있는 역량과 자원이 충분히 제공되어야 합니다(Achievable). 현실 가능한지를 확인하려면 목표를 설정하기 전에, 구성원들이 해당 목표를 달성할 수 있는 자원(시간, 예산, 지원 등)과 역량이 충분한지 평가합니다. 목표 달성이 불가능한 수준의 과도한 부담이 없도록 팀원들과 협의하여 적절한 목표를 설정할 수 있습니다. 예를 들어, 마케팅 팀이 1달 동안 50%의 매출 증가를 목표로 한다면, 현실적으로 달성 가능한지 사전에 평가한 후, 목표를 "3개월 동안 15% 매출 증가"로 조정하여 구성원들이 실현 가능한 목표로 인식하게 해야 합니다.

당연히 우리가 달성하려는 목표는 조직의 전체 전략과 연관되어야 겠죠(Relevant). 구성원의 업무와 목표가 조직의 비전과 맞아떨어져야 합니다. 조직의 전략 목표와 팀/개인의 목표를 연결하는 목표 매핑 과정을 도입할 수 있습니다. 이를 통해 팀과 개인의 목표가 조직의 전략적 방향과 일치하는지 확인하고 각자의 목표가 조직의 성장과 성과에 어떻게 기여하는지 명확히 설명합니다. 조직이 글로벌 시장 확장을 목표로 하고 있다면, HR 팀의 목표는 "글로벌 인재 확보"로 설정하면 바람직하겠죠?

마지막으로 목표에는 구체적인 시간 범위가 있어야 합니다 (Time-bound). 그리고 일정에 맞춰 성과를 내도록 독려하고 격려해야죠. 모든 목표에는 달성해야 하는 기한을 설정합니다. 단기 목표와 장기 목표를 나누어, 중간 성과를 평가할 수 있도록 설정합니다. 이때 주기적인 체크포인트를 설정하여 진행 상황을 점검하고, 필요 시 목표나 계획을 조정합니다. 팀은 매주 또는 매월 진행 상황을 점검하고, 이를 바탕으로 계획을 수정할 수 있습니다.

이렇게 정해진 목표는 조직 전체, 팀 단위로 정기적인 목표 설정 워크숍을 열어, 구성원들과 함께 SMART 목표를 공유해볼 수 있습니다. 이러한 노력으로 서로 간의 업무 추진정도나 기여에 대한 정보가 부족하여 차별을 느낀다는 감정을 조금이나마 줄일 수 있습니다.

SMART 목표 설정법을 통해 조직 내에서 명확한 목표와 방향성을 제공함으로써, 구성원들이 경쟁보다는 협력에 집중하고, 명확한 기준을 바탕으로 성과를 평가받을 수 있도록 지원할 수 있습니다. 이렇게 명확한 목표와 투명한 평가가 이루어질 때, 질투는 개인의 성장 욕구로 전환될 수 있습니다.

불필요한 감정 대신 성과 달성에 몰두해볼 수 있게 되는 것이
죠.

자신의 인생목표

인생의 목표를 명확히 설정하고 이를 향해 나아가는 것은
우리 삶에 있어 무엇보다 중요한 과제라 할 수 있습니다. 분
명한 비전과 목적의식을 가지고 살아갈 때, 우리는 타인과의
비교에서 벗어나 자신만의 고유한 가치를 실현할 수 있기 때
문입니다.

이때 목표는 자신의 내면에서 우러나오는 진정성 있는 것
이어야 합니다. 외부의 기대나 압박에 의해서가 아닌, 자신이
진심으로 원하고 열망하는 바를 진솔하게 마주할 때 우리는
비로소 인생의 주인공으로 설 수 있습니다.

이를 위해 우선 깊이 있는 자기 성찰의 시간을 가져보는 것
이 좋겠습니다. 자신의 가치관, 열정, 강점은 무엇인지, 인생
에서 정말 중요하게 여기는 것은 무엇인지 진지하게 고민해
보는 겁니다. 이 과정에서 자신만의 인생 비전과 미션 스테이
트먼트를 작성해보는 것도 큰 도움이 될 것입니다. 삶의 근본
적인 방향성을 문장으로 정리해보세요, 인생의 나침반을 더

욱 선명하게 가질 수 있습니다.

나아가 우리의 비전을 구체적이고 실천 가능한 목표로 세분화하는 작업도 필요합니다. 장기적인 목표를 이룩하기 위한 중단기 목표들, 그리고 일상에서 실천할 수 있는 작은 습관들을 설계해보는 것입니다. SMART 기법에 따라 구체적이고 측정 가능하며 달성 가능한 목표를 세우고, 이를 위한 로드맵을 그려봄으로써 우리는 보다 현실적이고 실질적인 성장의 동력을 마련할 수 있습니다.

이렇게 자신만의 인생 목표를 향해 전진하는 여정에서 무엇보다 중요한 것은 '과정' 그 자체에 집중하는 자세입니다. 목표의 달성 여부보다는 그 과정에서 얻는 배움과 성찰, 그리고 내적인 성장에 주목해보는 겁니다. 때로 우리는 원하는 결과를 얻지 못할 수도 있습니다. 하지만 그 실패의 경험마저도 귀한 깨달음의 씨앗이 된다는 점을 잊지 말아야 할 것입니다.

인생의 참된 의미와 행복은 남들과의 경쟁이나 비교에서 오는 것이 아닙니다. 자신의 내면에 귀 기울이고, 진정으로 원하는 삶의 방향을 찾아가는 과정 그 자체에 가치가 있습니다. 우리가 통제할 수 있는 것은 오직 '나 자신'뿐임을 인지하고, 내적인 성장과 발전에 힘써나갈 때 우리는 행복하고 건강한 인생을 살아갈 수 있을 것입니다.

이렇듯, 조직 차원과 개인 차원의 명확한 목표는 우리에게 방향을 제시합니다. 그 목표가 분명할 때, 우리는 질투보다는 자기 성장을 위한 동기를 찾게 됩니다. 조직 차원에서는 모든 구성원이 공감하고 동의할 수 있는 비전과 미션을 수립하고, 이를 달성하기 위한 전략과 실행 계획을 구체적으로 설계해야 합니다. 나아가 이 과정에서 구성원이 기회와 평가에 대해 신뢰할 수 있도록 세심한 관심을 기울여야 할 것입니다. 투명하고 합리적인 성과 관리 시스템을 통해 구성원들이 서로를 신뢰하고 존중하는 문화를 만들어가는 것이 무엇보다 중요합니다.

하지만 여기서 한 걸음 더 나아가, 개인적인 목표 설정도 중요하다는 점을 잊어서는 안 됩니다. 일단 자신만의 고유한 인생 목표를 설정하고 실천해 나갈 때, 우리는 비로소 진정한 자기 성장과 행복을 이뤄낼 수 있습니다 질투라는 감정은 어쩌면 피할 수 없는 부분일 수 있지만, 그것을 긍정적인 성장 에너지로 전환하는 것은 우리의 선택에 달려 있습니다.

··· Summary

1. 심리적 안전감 (Psychological Safety) - 불안
설명: 심리적 안전감은 구성원이 자신의 의견을 자유롭게 표현하고, 실수를 두려워하지 않는 환경에서 느끼는 안전함입니다. 그러나 심리적 안전감이 결여되면 불안이 커지며, 이는 성과에 부정적인 영향을 미칩니다.
연결된 감정: 불안 - 실수나 실패에 대한 두려움이 극대화되는 상황에서 나타나는 대표적인 감정.

2. 업무 의미감 (Job Meaningfulness) - 좌절
설명: 업무 의미감은 구성원이 자신의 업무에 가치와 의미를 부여할 때 높아집니다. 그러나 의미를 찾지 못하거나 실패했을 때 좌절감이 커질 수 있습니다.
연결된 감정: 좌절 - 목표를 달성하지 못하거나 성과를 인정받지 못할 때 느끼는 무력감.

3. 업무 몰입감 (Engagement) - 자신감
설명: 업무에 몰입하게 되면 구성원은 집중력과 에너지가 상승하며 성과를 극대화하게 됩니다. 몰입감이 높을수록 자신감도 커집니다.
연결된 감정: 자신감 - 성공적인 성과와 도전 속에서 스스로의 능력에 대한 확신이 커지는 감정.

4. 자율성 (Autonomy) - 성취감
설명: 자율성이 높은 환경에서는 구성원들이 스스로 결정을 내리고, 창의적으로 업무를 처리할 수 있습니다. 이를 통해 성취감을 느낍니다.

연결된 감정: 성취감 - 목표를 달성하고, 성과를 통해 얻는 만족감과 성취의 기쁨.

5. 공정성 (Fairness) - 분노
설명: 조직 내에서 공정한 평가와 보상은 성과와 직접적으로 연결됩니다. 하지만 공정성을 느끼지 못할 때, 구성원은 분노를 경험하게 됩니다.
연결된 감정: 분노 - 불공정한 대우나 차별로 인해 발생하는 감정적 반응.

6. 동료 지원 (Peer Support) - 연대감
설명: 동료들 간의 상호 지원은 협력과 연대감을 강화시킵니다. 서로를 돕고 지지할 때 조직 내 성과가 상승합니다.
연결된 감정: 연대감 - 동료들과 협력하고 소속감을 느끼며 조직 내에서 함께 이뤄내는 유대감.

7. 목표 명확성 (Goal Clarity) - 질투
설명: 명확한 목표가 설정되면 구성원은 이를 달성하기 위해 집중하게 됩니다. 그러나 동료가 더 나은 성과를 거두면 질투가 발현될 수 있습니다.
연결된 감정: 질투 - 다른 사람이 성공하거나 인정받을 때 느끼는 부정적인 감정.

제3부

조직 속
다양한 사람들

같은 공간에서 일하고 있지만, 사실 구성원 각자의 속내는 다 다릅니다. 사람마다 게임을 하는 방식이 다르고, 그로 인해 조직 내에서 형성되는 역학 관계는 점점 복잡한 그물처럼 얽혀 가죠. 어떠한 조직이든 각기 다른 목적과 욕망을 가진 사람들이 한데 모여 있습니다. 하나의 목표를 향해 나아가지만, 그 과정에서 필연적으로 충돌과 갈등이 생기기 마련입니다.

그렇기 때문에 우리가 조직에서 일을 잘하기 위해서는 다양한 인간 군상을 이해하고, 각기 다른 사람들의 유형을 파악하는 것이 중요합니다. 회사는 일을 하는 곳이지만 인간에 대한 이해 없이 일만 하면 힘들어집니다. 조직은 수많은 인간관계와 감정들이 얽혀있기 때문입니다. 서로 다른 배경과 가치관을 가진 사람들이 모여 함께 일하는 만큼, 개인의 성향과 행동 방식을 제대로 이해하지 못하면 협업이 어렵고 소모적인 갈등이 생길 수 있습니다.

우리가 '오징어 게임'을 통해 조직과 인간 관계를 들여다보려는 이유도 여기 있습니다. '오징어 게임' 속에는 극한 상황에서 서로 다른 방식으로 살아남으려는 사람들이 등장하죠.

그 안에서 드러나는 인간의 욕망, 두려움, 그리고 관계의 복잡성은 우리가 일터에서 겪는 것들과 크게 다르지 않습니다. 물론 현실은 생존 게임처럼 극단적이지 않지만, 그 안에서 벌어지는 감정의 흐름과 상황들은 우리에게 익숙한 것들이죠. 경쟁 속에서 때로는 밀어내고, 때로는 손을 잡고, 때로는 속내를 감추고 행동하는 모습들 말입니다.

3부에서는 오징어게임 속 인물을 바탕으로, 조직에서 마주하는 7가지 사람 유형을 다룹니다.

- 기회를 놓치지 않는 승부사형
- 규칙과 원칙을 중시하는 원칙수호형
- 사람관계를 중시하는 친화형
- 혁신을 주도하는 변화주도형
- 전문성으로 승부하는 전문가형
- 다양성을 인정하고 조화를 이루는 옹호형
- 자기 이익만을 추구하는 빌런

기회를 놓치지 않는 승부사형

"난 이길 거예요. 무슨 게임이든 다 이길 거라고요."

오징어게임의 참가자들 중 한 명인 상우는 처음엔 평범한 인물처럼 보입니다. 하지만 게임이 진행되면서, 그는 생존을 위해 무엇이든 할 준비가 되어 있는 사람이 되어갑니다. 그가 보여준 결정적인 장면은, 구슬 게임에서 자신의 친구이자 순진한 알리를 배신하는 순간이죠.

상우는 게임 초반만 해도 믿을 만한 동료로 보였습니다. 하지만 구슬 게임이 시작되었을 때, 상황은 완전히 달라집니다. 상대방의 구슬을 모두 가져가야만 살아남을 수 있는 이 게임에서, 상우는 선택의 기로에 서게 됩니다. 알리는 그를 전적으로 믿었고, 그 믿음 속에서 자신이 이길 것이라 기대했죠.

하지만 상우는 다르게 생각합니다. 그에게 남은 선택은 단 하나, 알리의 순수함을 이용해 그를 배신하는 것이었습니다.

상우는 알리에게 구슬을 안전하게 지키겠다는 핑계로 가짜 구슬 주머니를 건넵니다. 알리는 아무 의심 없이 상우의 말을 믿고, 그 순간 상우의 눈에는 알리의 신뢰를 배신하는 죄책감이 스쳐갑니다. 하지만 생존에 대한 본능이 그를 압도합니다.

"너도 가족을 살려야 하고, 나도 살기 위해서야."

상우는 자신의 생존을 위해 더 이상 친구나 도덕을 생각할 여유가 없었습니다. 그의 선택은 냉혹했지만, 이 게임에서 살아남기 위해선 어쩔 수 없는 결정처럼 보입니다.

승부사형은 말 그대로 승부에 모든 것을 거는 사람들입니다. 이들은 기회가 오면 주저 없이 잡아채고, 위험을 감수하면서도 승리를 향해 돌진합니다.

장점
결단력 : 빠른 의사결정으로 기회를 놓치지 않습니다.

도전정신 : 어려운 상황에서도 물러서지 않습니다.

성과 지향적 : 목표 달성에 강한 의지를 보입니다.

단점

과도한 위험 감수 : 때로는 무모한 도전으로 이어질 수 있습니다.

단기적 시야 : 당장의 승리에 집중하다 장기적 관점을 놓칠 수 있습니다.

대인관계 문제 : 지나친 경쟁심으로 동료들과 갈등할 수 있습니다.

극 중 조상우는 승부사형의 또 다른 면모를 유리다리 게임에서 극명하게 보여줍니다. 이 게임은 무작위로 깔린 유리판을 건너야 하는 것으로, 강화유리와 일반 유리를 구별해야 하는 위험한 도전이었습니다. 상우는 이 위험한 상황에서도 기회를 놓치지 않고 자신의 승리를 위해 철저히 계산하며 움직입니다. 그는 앞선 참가자들의 희생을 통해 얻은 정보를 최대한 활용하면서, 동시에 새로운 기회를 끊임없이 모색합니다.

"시간 없어. 빨리 결정해."

유리 공장에서 일하던 참가자가 유리 종류를 구별할 수 있다는 것을 알아차린 상우는 즉시 그를 이용하여 안전한 경로를 찾으려 합니다. 그러나 시간이 촉박해지자, 상우는 주저 없이 그 참가자를 희생시키고 자신의 생존을 확보합니다.

이 장면은 승부사형의 핵심적인 특성을 여실히 보여줍니다:

- 기회 포착 : 상우는 유리 공장 직원의 능력을 즉시 알아채고 활용합니다.
- 빠른 의사결정 : 시간이 부족해지자 신속하게 결단을 내립니다.
- 목표 지향적 : 자신의 생존이라는 목표를 위해 타인의 희생도 감수합니다.
- 위험 감수 : 불확실한 상황에서도 과감히 행동합니다.

이러한 승부사형의 특성은 비즈니스 세계에서도 종종 볼 수 있습니다. 그들은 기회를 재빠르게 포착하고, 때로는 냉철한 결정을 내리며, 목표 달성을 위해 적극적으로 행동합니다. 그러나 이런 특성이 때로는 윤리적 딜레마나 인간관계의 문제를 야기할 수 있다는 점을 유의해야 합니다.

승부사형은 회의실에서 가장 적극적으로 의견을 내고, 새로운 프로젝트를 자원합니다. 마치 오징어 게임의 참가자들이 다음 게임에 도전하는 것처럼, 이들은 항상 새로운 기회를 찾아 나섭니다. 자신의 아이디어를 강하게 주장하고, 때로는 다른 사람의 의견을 무시할 수 있습니다. 높은 목표를 설정하고 팀을 독려하지만, 때로는 팀원들에게 과도한 압박을 줄 수 있습니다.

다른 유형과의 상호작용

조직 내에서 각 유형은 다른 유형들과 다양한 방식으로 상호작용합니다. 승부사형은 뒤 쪽에 소개되는 '변화주도형'과 특히 잘 어울립니다. 승부사형의 기회 포착 능력과 변화주도형의 혁신적 아이디어가 만나면, 새로운 기회를 창출하고 실현할 수 있는 강력한 시너지가 발생합니다. 두 유형 모두 위험을 감수하는 성향이 있어, 새로운 프로젝트나 도전적인 목표에 대해 서로 지지하고 협력할 수 있습니다. 또한, 승부사형의 결단력과 변화주도형의 혁신 추구 성향이 결합되면 빠르게 변화하는 환경에 효과적으로 대응할 수 있습니다.

반면, 승부사형은 소신형과 갈등을 겪을 가능성이 높습니다. 승부사형의 기회 중심적 사고방식이 소신형의 원칙 중심적 접근과 충돌할 수 있기 때문입니다. 승부사형의 빠른 의사결정 스타일은 소신형의 신중하고 원칙에 기반한 접근과 마찰을 일으킬 수 있습니다. 또한, 승부사형이 기회를 잡기 위해 때로는 규칙을 우회하려는 경향이 있을 때, 이는 소신형의 윤리 기준과 충돌할 수 있습니다.

자가 진단 체크리스트

문항 (5점 만점)	1	2	3	4	5
새로운 기회가 생기면 즉시 행동으로 옮기는 편인가요?					
위험을 감수하더라도 큰 성과를 얻고 싶어하나요?					
경쟁 상황에서 흥분되고 더 좋은 성과를 내는 편인가요?					
실패를 두려워하지 않고 계속해서 도전하나요?					
때로 동료들이 당신의 pace를 따라오기 힘들어하나요?					

승부사형의 강점을 살리고 약점은 보완하는 질문들

- 균형 잡기 : 당신의 승부욕이 가장 크게 발휘된 순간을 떠올려보세요. 그 순간 동료들의 반응은 어땠나요? 승부욕과 팀워크 사이의 균형을 어떻게 더 잘 잡을 수 있을까요?

- 장기적 시야 기르기 : 단기적인 승리를 위해 포기한 것 중

지금 돌이켜보면 아쉬운 것이 있나요? 앞으로는 어떻게 하면 장기적인 성공과 단기적인 승리 사이의 균형을 맞출 수 있을까요?

- 감정 조절하기 : 경쟁 상황에서 당신의 감정 상태는 어떤가요? 지나친 흥분이나 스트레스로 인해 실수를 한 적이 있나요? 어떻게 하면 경쟁 상황에서도 감정을 잘 조절할 수 있을까요?

- 타인 배려하기 : 당신의 강한 추진력이 때로는 동료들에게 부담이 될 수 있습니다. 어떻게 하면 자신의 페이스를 유지하면서도 동료들을 배려할 수 있을까요?

- 실패로부터 배우기 : 도전 끝에 실패한 경험을 떠올려보세요. 그 실패에서 어떤 교훈을 얻었나요? 앞으로는 어떻게 실패를 더 생산적으로 활용할 수 있을까요?

이러한 질문들을 통해, 승부사형의 장점은 유지하면서도 단점을 보완하고 더 균형 잡힌 리더로 성장할 수 있을 것입니다. 승부사형은 항상 목표를 향해 전진합니다. 하지만 때로는 멈춰 서서 주변을 둘러보는 것도 필요합니다. 당신의 승부욕이 당신을 어디로 이끌고 있는지, 그 곳이 정말 당신이 가고 싶은 곳인지 생각해보세요. 기억하세요, 진정한 승리는 혼자 달성하는 것이 아니라 함께 이루는 것입니다.

규칙과 원칙을 중시하는 원칙수호형

오징어 게임 진행의 총책임자 프론트맨

프론트맨의 눈빛은 냉혹합니다. 그는 주저없이 권총을 꺼내 들고 감시자의 이마에 겨눕니다. 그리고 낮은 목소리로 말합니다.

"너희들이 무슨 짓을 하든 상관없어. 하지만 너희들은 이 곳에서 가장 중요한 걸 망쳐놨어. 바로 평등이야. 이 게임 안에서는 모두가 평등해. 참가자들 모두가 같은 조건에서 공평하게 경쟁하지. 바깥 세상에서 불평등과 차별을 받아온 사람들에게 평등하게 싸워서 이길 수 있는 동등한 기회를 주는거야. 너희들이 그 원칙을 깼어"

철컥, 하는 방아쇠 소리와 함께 감시자가 쓰러집니다. 핏물이 바닥에 고입니다. 주변엔 다른 감시자들이 지켜보고 있습니다.

프론트맨은 원칙을 깬 동료를 다른 동료들이 보는 앞에서 적나라한 처형을 하며 조직의 철칙을 세웁니다. 설령 자신의 부하일지라도 그는 망설임 없이 원칙을 관철시키는 것이죠. 극단적이고 잔혹한 방식이지만, 조직에 원칙을 확립하고 구성원들에게 경각심을 주는 계기를 줍니다. 프론트맨은 게임의 규칙과 원칙을 철저히 준수합니다. 원칙에서 벗어나는 행동을 절대로 용납하지 않죠. 프론트맨은 자신이 세운 원칙에 따라 공정하고 일관되게 게임을 운영합니다. 어떠한 참가자라 하더라도, 어떠한 감시자라 하더라도 예외를 두지 않습니다.

오징어게임으로 본 인간과 조직 이야기

프론트맨의 모습에서 규칙과 원칙을 중시하는 원칙수호형의 특징과 장단점을 발견할 수 있습니다. 조직 내에서 이들은 원칙을 수호하는 수문장 같은 존재이지만, 때로는 인간미가 결여된 모습으로 비춰질 수도 있습니다. 원칙수호형은 조직에 규율과 기준을 세우고 구성원들이 이를 철저히 따르도록 이끕니다. 설령 그것이 개인의 이해관계와 충돌한다 해도 원칙을 우선시하죠. 이는 조직에 일관성과 공정성을 가져다주지만, 한편으론 지나친 경직성으로 인해 구성원들의 반발을 샀을 수도 있습니다.

장점

일관성 : 변화하는 상황 속에서도 일관된 태도를 유지합니다.

신뢰성 : 원칙을 지키는 모습으로 주변 사람들의 신뢰를 얻습니다.

윤리의식 : 조직의 윤리적 나침반 역할을 할 수 있습니다.

단점

유연성 부족 : 때로는 상황에 따른 유연한 대처가 어려울 수 있습니다.

고립 위험 : 자신의 원칙을 고수하다 주변 사람들과 갈등할 수 있습니다.

변화 수용의 어려움 : 새로운 방식이나 아이디어를 받아들이기 어려울 수 있습니다.

규칙에 따라 주어진 업무만을 처리하는 감시자들도 원칙수호형입니다. 첫 번째 게임 이후 공포에 질린 참가자들이 울부짖으며 말합니다. "기회? 이게 기회라고요? 사람을 죽이는 게 기회라고요?" "상금이고 뭐고 다 필요 없으니까 제발 그냥 내보내줘요!" 주위의 참가자들도 그의 사정에 공감하며 감시자를 바라봅니다. 애원하는 참가자들에게 감시자는 말합니다.

"동의서 제1항. 참가자는 게임을 임의로 중단할 수 없다. 동의서 제2항. 게임을 거부하는 자는 탈락으로 처리한다" 딱딱한 어조로 감시자는 선언합니다. 감시자들에게 참가자의 절망은 아무런 의미가 없습니다. 그들에겐 오로지 '게임의 규칙'만이 절대적일 뿐이니까요.

이 장면은 절대권력 앞에 선 한 개인의 나약함을 보여주는 동시에, 조직의 원칙이라는 미명 하에 인간성을 상실해버린 감시자들의 면모를 적나라하게 드러내 줍니다.

직장에서의 원칙수호형은 규율과 원칙을 가장 중요하게 생각합니다. 그들은 혁신이나 급격한 변화보다는 현재의 시스템을 유지하고 개선하는 것에 더 집중합니다. 새로운 프로젝트나 변화가 제안될 때, 그들은 먼저 그것이 기존의 원칙과 어떻게 조화를 이룰 수 있는지 고민합니다.

우리 주변에도 이런 사람들이 있습니다. 항상 원칙을 중요시하고, 쉽게 타협하지 않는 사람들입니다. 그들은 우리에게 일관성과 신뢰성이 얼마나 중요한지, 그리고 때로는 변화의 속도를 늦추고 현재의 가치를 지키는 것이 왜 필요한지를 상기시켜 줍니다.

이런 유형의 리더는 원칙과 규율을 최우선으로 여깁니다. 설령 그것이 조직원들에게 가혹하게 느껴질지라도 소신을 굽히지 않는 편이죠. 이는 조직의 일관성과 공정성 확보에 도움이 될 수 있습니다. 하지만 지나치게 경직되고 융통성이 부족하다는 단점도 있습니다.

긍정적 영향

조직에 안정감을 주고, 지나친 변화를 막는 역할을 합니다.
깊이 있는 판단으로 신중한 의사결정을 돕습니다.
일관된 업무 처리로 팀이 안정적인 성과를 유지하는 데 기여합니다.

부정적 영향

지나친 원칙 고수가 조직의 유연성과 혁신을 저해할 수 있습니다. 변화가 필요한 순간에도 기존 방식을 고집하여 새로운 기회를 놓칠 수 있습니다. 다른 유형의 동료들과 갈등이 생길 수 있습니다.

원칙수호형의 행동은 불확실성을 피하고 안정을 추구하는 심리에서 비롯됩니다. 그들은 예측 가능한 상황에서 느끼는 안정감을 중요하게 여기며, '지금 이 방식이 잘 되고 있는데, 굳이 바꿀 필요가 있을까?'라는 생각을 자주 합니다. 이는 자신의 가치관과 원칙을 지키려는 본능적인 태도로 볼 수 있습니다.

원칙수호형은 조직 내에서 중요한 균형추 역할을 합니다. 그들의 원칙 고수가 때로는 발전을 저해하는 것처럼 보일 수 있지만, 동시에 조직이 핵심 가치를 잃지 않도록 하는 중요한 역할을 합니다. 변화와 혁신을 추구하는 다른 유형들과 적절한 균형을 이룰 때, 소신형은 조직의 안정적이고 지속가능한

오징어게임으로 본 인간과 조직 이야기

성장에 큰 기여를 할 수 있습니다.

다른 유형과의 상호작용

한편, 원칙수호형은 '전문성으로 승부하는 전문가형'과 잘 어울립니다. 두 유형 모두 자신의 분야에서 높은 기준과 원칙을 중요시하므로, 서로의 가치관을 이해하고 존중할 수 있습니다. 원칙수호형의 윤리적 기준과 전문가형의 깊은 지식이 결합하여 높은 품질의 결과물을 만들어낼 수 있으며, 원칙수호형의 일관된 원칙과 전문가형의 전문성이 결합하여 팀 내외부에서 높은 신뢰를 얻을 수 있습니다.

그러나 원칙수호형과 승부사형 사이의 갈등 가능성은 여전히 존재합니다. 원칙수호형의 원칙 중심적 접근이 승부사형의 기회 중심적 사고와 충돌할 수 있으며, 리스크 관리에 대한 접근 방식도 다릅니다. 원칙수호형은 원칙에 따른 리스크 관리를 중요시하는 반면, 승부사형은 기회를 위해 더 많은 리스크를 감수하려는 경향이 있어 갈등이 생길 수 있습니다. 또한, 의사결정 과정에서도 원칙수호형의 신중함과 승부사형의 신속함이 충돌할 수 있습니다.

자가 진단 체크리스트

문항 (5점 만점)	1	2	3	4	5
원칙과 가치관을 중요하게 여기나요?					
윤리적 문제에 대해 민감한 편인가요?					
때로는 원칙을 고수하다가 주변 사람들과 갈등을 겪나요?					
변화나 새로운 방식을 받아들이는 게 어렵게 느껴질 때가 있나요?					
조직의 결정이 원칙에 어긋난다고 생각될 때 적극적으로 의견을 제시하나요?					

원칙수호형의 강점을 살리고 약점은 보완하는 질문들

- 유연성 기르기 : 당신의 원칙을 고수하다가 어려움을 겪은 경험이 있나요? 그 상황에서 어떻게 하면 원칙은 지키면서도 더 유연하게 대처할 수 있었을까요?

- 소통 개선하기 : 당신의 원칙이나 가치관을 다른 사람들에게 설명할 때 어려움을 느낀 적이 있나요? 어떻게 하면 자신의 소신을 더 효과적으로 전달할 수 있을까요?

- 균형 잡기 : 원칙과 효율성 사이에서 갈등한 경험이 있나요? 어떻게 하면 둘 사이의 균형을 더 잘 잡을 수 있을까요?

- 변화 수용하기 : 새로운 아이디어나 방식을 받아들이기 어려웠던 경험을 떠올려보세요. 어떻게 하면 자신의 원칙을 유지하면서도 변화를 더 잘 수용할 수 있을까요?

- 긍정적 영향력 행사하기 : 당신의 원칙이 조직에 긍정적인 변화를 가져온 경험이 있나요? 앞으로 어떻게 하면 자신의 소신을 조직의 발전에 더 효과적으로 활용할 수 있을까요?

  이러한 질문들을 통해, 당신은 소신형의 장점은 유지하면서도 단점을 보완하고 더 균형 잡힌 리더로 성장할 수 있을 것입니다. 기억하세요, 진정한 원칙은 융통성 있게 적용될 때 더 큰 가치를 발휘합니다.

사람 관계를 중시하는 친화형

"나는 사람 안 믿어"- 강새벽
"원래 사람은 믿을 만 해서 믿는 게 아니야. 안 그러면 기댈 데가 없어 믿는 거지"-성기훈

성기훈은 게임 내내 동료애와 희생정신을 보여주는 인물이었습니다. 어떠한 게임이 기다리고 있는지 모르고 2인 1조를 이뤄야 하는 상황에서, 그는 게임에 유리할 만한 실력자를 찾기보다 소외되어 있던 오일남을 선택합니다. 누구도 파트너로 삼고 싶어 하지 않는 노인을 기꺼이 받아들인 것이죠. 유대감을 쌓았던 오일남을 성기훈은 외면할 수 없었던 겁니다.

친화형은 인간관계와 협력을 최우선으로 여기는 사람들입니다. 이들은 팀의 화합과 조화를 중요하게 생각하며, 갈등을 해소하고 모두가 함께 일할 수 있는 환경을 만드는 데 탁월합니다. 그들은 극한의 상황에서도 다른 참가자들과의 관계를 중요하게 여기며, 협력을 통해 생존하려 노력합니다.

장점

팀워크 촉진 : 뛰어난 대인관계 능력으로 팀의 협력을 이끌어냅니다.

갈등 해소 : 다양한 의견을 조율하고 갈등을 해소하는 데 능숙합니다.

포용력 : 다양한 배경과 성격의 사람들을 포용하고 이해합니다.

신뢰 구축 : 동료들 간의 신뢰와 유대감 형성에 기여합니다.

오징어게임으로 본 인간과 조직 이야기

단점

과도한 타협 : 관계 유지를 위해 때로는 필요 이상으로 타협할 수 있습니다.

결단력 부족 : 모든 사람을 만족 시키려다 중요한 결정을 미룰 수 있습니다.

개인 성과 부족 : 관계에 집중하다 개인의 성과를 소홀히 할 수 있습니다.

감정적 판단 : 논리적 판단보다 감정적 선택을 우선시할 수 있습니다.

오징어 게임에서 친화형의 특성은 여러 장면에서 드러나지만, 가장 인상적인 순간은 새벽과 지영이 구슬 게임을 하는 장면입니다.

오징어게임 새벽과 지영

"너는 밖에 나가면 뭘 할 거야?" – 새벽

"생각해본 적이 없어. 여기서 나가면 뭘 할지 생각을 못해봤

네. 같이 제주도나 갈래?" - 지영

　이 단순한 대화는 서로의 삶을 진심으로 궁금해하는 마음을 드러냅니다. 구슬을 모두 따내야만 상대를 이길 수 있는 잔혹한 규칙 속에서도 그들은 서로의 이야기에 귀를 기울입니다.

"나한테는 밖에 나가도 할 일이 없어. 너는 꼭 나가서 살아."
- 지영

　결국 지영은 놀랍게도 스스로 패배를 선택합니다. 짧은 시간이었지만 자신과 진심으로 대화를 나눠 준 새벽에게 '고맙다'는 말을 전하며 지영은 극 중에서 사라집니다. 지영이 게임에 참여한 이유는 빚 때문이었지만, 정작 게임이 끝나갈 무렵 그녀의 마음을 채운 건 새벽과 나눈 우정이었습니다. 목숨을 걸고 벌어야 했던 상금보다 동료에 대한 신뢰와 그리움이 지영에겐 더 값진 것으로 다가왔나 봅니다. 소중한 인연을 만난 것에 대한 감사함, 헤어짐에 대한 아쉬움, 그리고 함께 했던 시간들을 영원히 간직하겠다는 다짐. 지영의 마지막 인사에는 이런 복합적인 감정들이 녹아 전해졌습니다.

친화형의 특징은 관계와 소통을 중시한다는 점입니다. 힘들고 고달픈 상황 속에서도 서로에게 위로와 격려를 건네는 이들의 모습은, 진정한 행복이란 바로 '사람'에게서 비롯됨을 깨닫게 해줍니다. 물질과 경쟁이 지배하는 삭막한 세상에서 사람 관계를 중시하는 친화형은 꼭 필요한 유형입니다.

직장에서의 친화형은 회의에서 중재자 역할을 자주 맡습니다. 그들은 다양한 의견을 경청하고 조율하여 모두가 동의할 수 있는 해결책을 찾으려 노력합니다.

"모두의 의견을 들어보니, 이렇게 정리할 수 있을 것 같습니다.", "우리 모두 각자의 강점이 있어요. 그걸 어떻게 하면 잘 조합할 수 있을까요?"

직장에서 친화형은 팀을 먼저 생각하며, 경쟁보다 협력을 중시합니다. 동료를 먼저 챙기고, 때로는 자신의 이익을 내려놓으면서까지 팀을 위해 헌신합니다. 혼자보다는 함께 일하는 것을 선호하고, 항상 협력의 가치를 믿습니다. 팀의 분위기를 따뜻하게 만들고, 신뢰와 유대감을 형성합니다. 어려운 순간에도 팀을 위해 헌신하며, 동료들에게 힘이 되어 줍니다.

제3부 조직 속 다양한 사람들

다른 유형과의 상호작용

친화형은 "다양성을 인정하고 조화를 이루는 옹호형"과 잘 어울립니다. 두 유형 모두 사람들 간의 관계와 조화를 중요시하기 때문입니다. 친화형의 뛰어난 대인관계 능력과 리더십 유형의 포용력이 만나면, 팀의 화합과 생산성을 크게 향상시킬 수 있습니다. 반면, "기회를 놓치지 않는 승부사형"과는 갈등할 수 있습니다. 친화형의 관계 중심적 접근이 승부사형의 목표 지향적 태도와 충돌할 수 있기 때문입니다.

긍정적 영향

팀의 결속력을 강화하고, 서로 믿고 지지하는 분위기를 조성합니다. 헌신적인 태도로 팀 전체의 성과를 높이는 데 기여합니다. 동료들에게 안정감을 주어, 어려운 프로젝트도 함께 극복해 나갈 수 있게 합니다. 서로를 배려하는 문화가 자연스럽게 자리 잡도록 합니다.

부정적 영향

팀워크에 지나치게 의존하여 개별적인 성과를 내는 데 집중하지 못할 수 있습니다. 갈등을 해결하기보다는 회피하려는 경향이 있을 수 있습니다. 모든 사람을 만족시키려다 자신이 지치거나 생산성이 떨어질 수 있습니다. 중요한 결정을 미루게 될 위험이 있습니다.

자가 진단 체크리스트

문항 (5점 만점)	1	2	3	4	5
팀의 화합과 조화를 가장 중요하게 여기나요?					
갈등 상황에서 중재자 역할을 자주 맡게 되나요?					
다른 사람의 감정과 필요를 잘 파악하고 공감하나요?					
때로는 관계 유지를 위해 자신의 의견을 양보하나요?					
모든 사람을 만족 시키려다 결정을 미루는 경우가 있나요?					

친화형의 강점을 살리고 약점은 보완하는 질문들

- 균형 잡기 : 팀의 화합과 개인의 성과 사이에서 어떻게 균형을 잡을 수 있을까요? 관계를 중시하면서도 자신의 성과를 높일 수 있는 방법은 무엇일까요?

- 단력 기르기 : 모든 사람을 만족시키려 노력하다 중요한 결정을 미룬 경험이 있나요? 어떻게 하면 관계를 해치지 않으면서도 필요한 때에 결단력 있게 행동할 수 있을까요?

- 건강한 경계 설정 : 다른 사람들의 요구에 너무 많이 맞추다 자신의 필요를 무시한 적이 있나요? 어떻게 하면 타인과의 관계를 중시하면서도 건강한 자기 관리를 할 수 있을까요?

- 갈등 관리 스킬 향상 : 갈등 상황에서 중재자 역할을 할 때 어려움을 느낀 적이 있나요? 어떻게 하면 더 효과적으로 갈등을 해결하고 팀의 화합을 이끌어낼 수 있을까요?

- 심리적 안녕감 증진 : 팀 내에서의 관계를 통해 얻는 소속감과 개인의 성장 사이에서 어떻게 균형을 잡을 수 있을까요? 타인과의 관계 속에서 긍정적인 유대감을 느끼면서도 개인의 목표와 가치관을 충족시킬 수 있는 방법은 무엇일까요?

이러한 질문들을 통해, 친화형의 장점은 유지하면서도 단점을 보완하고 더 균형 잡힌 리더로 성장할 수 있습니다. 기억하세요, 진정한 팀워크는 개개인의 강점이 조화롭게 발휘될 때 가능합니다. 그리고 때로는 지영처럼, 상대방의 삶을 자신의 것처럼 귀하게 여기는 마음이 우리를 더 나은 동료, 더 나은 인간으로 만들어 갈 것입니다.

혁신을 주도하는 변화주도형

참가자들은 각각 설탕과 베이킹 소다로 만든 달고나(설탕 뽑기)에 찍힌 다양한 모양을 바늘로 떼어내야 합니다. 달고나 위에는 네 가지 모양이 새겨져 있습니다. 원, 삼각형, 별, 그리고 우산입니다. 게임의 목적은 이 모양을 깨지 않고 완벽하게 떼어내는 것입니다. 달고나의 모양을 완성하지 못하면 게임에서 탈락하면서, 탈락자는 즉시 사망에 이릅니다. 모양이 복잡할수록 더 높은 난이도를 가집니다. 특히 우산 모양은 가장 어려운 모양 때문에 많은 참가자들이 탈락합니다.

주인공 성기훈이 선택한 모양은 우산입니다. 매우 불리한 상황입니다. 대부분의 참가자들이 바늘을 사용하여 조심스럽게 모양을 따라가려고 애쓰는 동안, 시간이 얼마 남지 않은 성기훈은 우연히 새로운 발상이 떠오릅니다. 달고나가 설탕으로 만들어졌다는 사실을 생각난거죠. 달고나를 녹여 쉽게 모양을 떼어내고 생존에 성공합니다. 한미녀 역시 비슷한 맥락에서 창의적인 접근을 보여줍니다. 그녀는 달고나의 약한 부분을 찾아내기 위해 바늘을 불로 달구어, 달고나를 더 쉽게 자를 수 있도록 만듭니다. 이 방법 역시 규칙에 얽매이지 않고, 제한된 자원을 최대한 활용하여 게임을 유리하게 이끌기 위한 노력입니다.

변화주도형은 현상유지에 만족하지 않고 항상 새로운 방법과 아이디어를 추구하는 사람들입니다. 이들은 고정된 규칙 속에서도 새로운 방법을 찾아내고 극한 상황에서 혁신적인 접근을 통해 문제를 해결하는 능력을 보여줍니다. 극한의 상황에서도 끊임없이 새로운 전략을 모색하고, 게임의 규칙을 자신이나 자신이 속한 조직에 유리하게 이끕니다. 이들은 현상 유지를 거부하고, 상황을 유리하게 바꾸기 위해 끊임없이 창의적인 해결책을 모색하는 사람들입니다.

장점

창의성 : 새로운 아이디어와 해결책을 제시합니다.

도전 정신 : 현상에 안주하지 않고 지속적인 개선을 추구합니다.

적응력 : 변화하는 환경에 빠르게 적응합니다.

단점

불안정성 : 잦은 변화로 인해 안정성을 해칠 수 있습니다.

저항 직면 : 변화에 저항하는 사람들과 갈등할 수 있습니다.

현실성 부족 : 때로는 현실적으로 실현 불가능한 아이디어를 제안할 수 있습니다.

극 중 조상우는 단순한 규칙 준수자가 아니라, 규칙을 능동적으로 해석하고 자신의 목적에 맞게 변화를 시도하는 주체적인 인물입니다. 단순히 게임의 규칙을 따르는데 그치지 않고, 그 규칙을 자신에게 유리하게 변경하려는 적극적인 태도를 보입니다. 게임 규칙에 대한 동의문을 완벽히 외워 감시자들과 협상하는 모습 말이죠. 그는 참가자들에게 불리한 조건을 바꿀 수 있는 틈을 찾았고, 이를 자신과 공동의 상황을 유리하게 만드는 데 성공합니다.

변화주도형의 중요한 특징으로, 기존의 시스템에 만족하지 않고 항상 더 나은 방법을 모색하며, 기회가 주어지면 새로운 방식을 도입하려는 성향을 드러냅니다. 그가 단순히 생존을 위한 경쟁에 몰두하는 것이 아니라, 상황을 주도하고 통제하려는 혁신적인 전략가임을 보여줍니다.

조직에서의 변화주도형은 고정관념에 얽매이지 않고, 새로운 아이디어와 방식으로 일에 접근합니다. 이들은 매일 같은 방식으로 반복되는 일상에서 지루함을 느끼고, 늘 기존의 틀을 깨는 혁신적인 방법을 모색하죠. 변화주도형 인재들은 새로운 프로젝트에 과감히 뛰어드는 것을 두려워하지 않습니다. 오히려 도전 자체에서 에너지를 얻고, 조직의 방향을 바꾸는 데 결정적인 역할을 하기도 합니다. 창의적인 문제 해결 능력으로 프로젝트를 이끌어 가지만, 때로는 실현 가능성이 낮은 아이디어를 고집해 팀원들을 힘들게 할 수 있습니다.

긍정적 영향

조직이 변화의 물결 속에서 도태되지 않고 끊임없이 발전할 수 있게 합니다. 독창적인 아이디어로 문제를 해결하는 새로운 길을 제시하고, 경쟁력을 높입니다. 다른 동료들에게 영감을 주며, 팀 내에서 새로운 도전을 두려워하지 않는 분위기를 만듭니다.

부정적 영향

때로 너무 앞서가거나, 주변의 현실적 제한을 무시하는 경향이 있습니다. 아이디어의 실현 가능성에 대한 고려 없이 혁신에만 몰두할 때, 팀 내 갈등이 생길 수 있습니다. 지나치게 변화에만 집중하다 보면 기존 시스템이나 팀 내 안정성을 흔들 수 있어, 다른 동료들이 불안감을 느낄 수 있습니다.

변화주도형의 행동은 끊임없이 새로움을 추구하고, 더 나은 방향을 향해 나아가고자 하는 호기심과 혁신 욕구에서 비롯됩니다. 그들은 세상을 다른 시각으로 보고, 이를 통해 더 나은 가능성을 찾습니다. 그러나 그 과정에서 때로는 현실과의 괴리감을 느끼고, 주변 사람들과의 속도 차이를 경험하기도 합니다.

변화주도형과 함께 일할 때, 우리는 그들의 에너지를 느끼고 일상이 조금 더 다채로워질 수 있습니다. 이들은 우리에게 변화의 중요성을, 그리고 새로움을 추구하는 것이 얼마나 큰 가치를 지닐 수 있는지를 보여줍니다. 하지만 동시에 이들의 아이디어를 현실화하는 과정에서 다른 유형들과의 균형과 협력이 필요함을 기억해야 합니다.

다른 유형과의 상호작용

변화주도형은 '기회를 놓치지 않는 승부사형'과 잘 어울립니다. 두 유형 모두 새로운 도전을 즐기고 위험을 감수할 준비가 되어 있기 때문입니다. 변화주도형의 혁신적인 아이디어와 승부사형의 실행력이 만나면, 조직에 큰 변화와 성과를 가져올 수 있습니다.

반면, "원칙수호형"과는 갈등할 수 있습니다. 변화주도형의 혁신적인 접근이 소신형의 원칙과 충돌할 수 있기 때문입니다. 예를 들어, 변화주도형이 기존의 프로세스를 완전히 바꾸자고 제안할 때, 소신형은 이를 위험하고 불필요한 변화로 여길 수 있습니다. 그러나 변화주도형의 창의성에 원칙수호형의 현실 감각이 결합된다면 비로소 완벽한 시너지를 낼 수 있습니다.

불확실성이 높은 비즈니스 환경 속에서 변화주도형 인재의 가치는 갈수록 높아지고 있습니다. 변화주도형 인재들은 조직에 신선한 바람을 불어넣는 촉매제와 같은 존재입니다. 이들의 혁신적인 사고와 행동은 미래를 향해 나아갈 수 있게 하는 원동력이 됩니다.

자가 진단 체크리스트

문항 (5점 만점)	1	2	3	4	5
현재의 방식에 만족하지 않고 항상 개선의 여지를 찾나요?					
새로운 아이디어를 자주 제안하는 편인가요?					
변화와 혁신에 대해 긍정적인 태도를 가지고 있나요?					

문제를 해결할 때 창의적인 접근을 선호하나요?				
때로는 당신의 아이디어가 너무 급진적이라는 평가를 받나요?				

변화주도형의 강점을 살리고 약점은 보완하는 질문들

- 변화의 균형 : 혁신을 추구하면서도 조직의 안정성을 해치지 않으려면 어떻게 해야 할까요? 변화의 속도와 범위를 어떻게 조절할 수 있을까요?

- 소통 능력 향상 : 당신의 혁신적인 아이디어를 다른 사람들에게 더 효과적으로 전달하고 설득하려면 어떤 방법을 사용할 수 있을까요?

- 현실성 검증 : 아이디어의 창의성을 유지하면서도 현실성을 높이려면 어떤 과정을 거쳐야 할까요? 어떻게 하면 실현 가능한 혁신을 만들어낼 수 있을까요?

- 저항 관리 : 변화에 대한 저항을 어떻게 효과적으로 관리할 수 있을까요? 동료들의 우려를 이해하고 해소하는 방법은 무엇일까요?

- 지속가능한 혁신 : 일회성 변화가 아닌, 지속적인 혁신 문화를 조직에 정착시키려면 어떤 노력이 필요할까요? 당신은 어떤 역할을 할 수 있을까요?

이러한 질문들을 통해, 당신은 변화주도형의 장점은 유지하면서도 단점을 보완하고 더 효과적인 혁신 리더로 성장할 수 있을 것입니다. 기억하세요, 진정한 혁신은 조직 전체가 함께 움직일 때 가능합니다.

전문성으로 승부하는 전문가형

"다음 게임이 뭐야? 그걸 알아야 내가 계속 도와줄 거 아냐."
- 의사

의사 출신 참가자는 자신의 의학적 지식을 활용하여 감시자들과 협상을 시도합니다. 그는 게임에서 사망한 참가자들의 시신을 해부하고 장기 밀매를 돕는 역할을 하며 감시들과 협상을 합니다. 협상의 내용은 앞으로 진행될 게임의 정보를 먼저 알게 되는 것이죠. 그의 전문 지식이 없었다면 감시자들

오징어게임으로 본 인간과 조직 이야기

과 유리한 협상을 만들기 어려웠을 겁니다. 감시자들도 자신들의 이익을 위해서는 본인들이 할 수 없는 영역의 전문가가 필요했습니다.

　강화유리와 일반 유리로 구성된 다리를 건너는 게임에서는 오랜 시간 유리공으로 일했던 참가자가 활약합니다. 그는 유리의 굴절률을 분석하여 강화 유리와 일반 유리를 구분합니다. 자신이 쌓아온 전문성을 게임에 적용하며 강화유리를 구분하는 능력으로 다른 참가자들에게 생존의 실마리를 제공합니다.

　이 두 사례는 전문가형의 특징을 잘 보여줍니다. 의사는 자신의 의학적 전문 지식을 통해 협상을 이끌고 생존에 유리한 조건을 만들었으며, 유리공은 자신의 분야에서 경험을 바탕으로 게임에서 중요한 순간에 기여했습니다. 두 인물 모두 극한의 상황에서 자신의 전문성을 발휘하며 자신의 생존을 만들어가려 애씁니다.

　전문가형은 자신의 분야에 대한 깊은 지식과 경험을 바탕으로 문제를 해결하고 가치를 창출하는 사람들입니다. 이들

은 끊임없는 학습과 연구를 통해 자신의 전문성을 키우며, 이를 바탕으로 조직에 기여합니다

장점

높은 문제 해결 능력 : 전문 지식을 바탕으로 복잡한 문제를 효과적으로 해결합니다.

신뢰성 : 전문성을 바탕으로 동료와 고객의 신뢰를 얻습니다.

지속적 성장 : 끊임없는 학습을 통해 자신의 가치를 높입니다.

단점

편협한 시각 : 때로는 자신의 전문 분야에만 집중하여 전체적인 그림을 놓칠 수 있습니다.

의사소통의 어려움 : 전문 용어를 사용하여 비전문가와의 소통에 어려움을 겪을 수 있습니다.

변화에 대한 저항 : 기존의 전문 지식에 안주하여 새로운 방식을 받아들이기 어려울 수 있습니다.

실제 직장 생활에서 전문가형은 회의에서 종종 자신의 전문 분야와 관련된 깊이 있는 분석과 해결책을 제시합니다. 프로젝트 수행 시에도 자신의 전문성을 활용하여 프로젝트의 품질을 높이고, 동료들에게 전문적인 조언을 제공합니다.

다른 유형과의 상호작용

전문가형은 "원칙수호형"과 잘 어울립니다. 두 유형 모두

오징어게임으로 본 인간과 조직 이야기

높은 기준과 원칙을 중요시하며, 깊이 있는 접근을 선호하기 때문입니다. 전문가형의 깊은 지식과 소신형의 원칙적인 접근이 만나면, 높은 품질의 결과물을 만들어낼 수 있습니다.

　반면, "기회를 놓치지 않는 승부사형"과는 갈등할 수 있습니다. 전문가형의 신중하고 깊이 있는 접근이 승부사형의 빠른 결정과 행동 스타일과 충돌할 수 있기 때문입니다. 예를 들어, 전문가형이 더 많은 분석과 연구가 필요하다고 주장할 때, 승부사형은 이를 기회를 놓치는 것으로 여길 수 있습니다. 전문적인 조언은 팀의 성과에 결정적인 도움이 되었지만, 때로는 빠른 결정이 필요한 상황에서 지연을 초래하기도 합니다. 그러나 전문가형와 승부사형이 서로의 강점을 인정하고 협력한다면, 더욱 완성도 높은 성과를 이룰 수 있습니다. 승부사형의 빠른 판단력과 추진력은 기회를 놓치지 않고 프로젝트를 속도감 있게 진행하는 데 도움이 되는 반면 전문가형의 깊이 있는 분석과 전문 지식은 프로젝트의 완성도와 안정성을 높이는 데 기여하죠. 승부사형의 추진력으로 프로젝트의 동력을 확보하는 한편, 전문가형의 전문성으로 완성도를 높이는 식입니다.

자가 진단 체크리스트

문항 (5점 만점)	1	2	3	4	5
자신의 전문 분야에 대해 끊임없이 학습하고 연구하나요?					
복잡한 문제를 해결할 때 자신의 전문 지식을 우선하나요?					
동료들로부터 전문가로서의 조언을 자주 요청받나요?					
때로는 전문 용어 사용으로 인해 의사소통에 어려움을 겪나요?					
자신의 전문 분야 외의 일에 관여하는 것을 꺼리는 편인가요?					

전문가형의 강점을 살리고 약점은 보완하는 질문들

- 시야 확장 : 자신의 전문 분야에 집중하면서도 어떻게 하면 더 넓은 시각을 가질 수 있을까요? 다른 분야의 지식을 어떻게 자신의 전문성과 연결시킬 수 있을까요?

- 소통 능력 향상 : 전문 지식을 비전문가들에게 어떻게 하면 더 쉽고 효과적으로 전달할 수 있을까요? 어떤 의사소통 기술을 개발해야 할까요?

- 유연성 기르기 : 새로운 아이디어나 방식을 접했을 때, 어떻게 하면 더 열린 마음으로 수용할 수 있을까요? 자신의 전

문성을 유지하면서도 변화에 적응하는 방법은 무엇일까요?

- 협업 증진 : 다른 분야의 전문가들과 어떻게 하면 더 효과적으로 협업할 수 있을까요? 서로 다른 전문성을 가진 사람들과 시너지를 내는 방법은 무엇일까요?

- 가치 창출 : 자신의 전문성을 조직의 전반적인 목표와 어떻게 더 잘 연결시킬 수 있을까요? 전문 지식을 통해 조직에 더 큰 가치를 제공하는 방법은 무엇일까요?

  이러한 질문들을 통해, 당신은 전문가형의 장점은 유지하면서도 단점을 보완하고 더 균형 잡힌 전문가로 성장할 수 있을 것입니다. 기억하세요, 진정한 전문성은 깊이 있는 지식뿐만 아니라 그것을 효과적으로 적용하고 공유하는 능력에서 나옵니다.

다양성을 인정하고 조화를 이루는 옹호형

"우리가 서로 믿고 협력하면 살아남을 수 있어요." – 성기훈

　다양성을 인정하고 조화를 이루는 옹호형은 팀 내의 다양한 배경, 능력, 관점을 가진 구성원들을 존중하고, 이들의 잠재력을 최대한 끌어내어 조직의 목표를 달성하는 리더십 스타일입니다. 이러한 리더는 포용적이며, 팀원들 간의 협력을 촉진하고, 각자의 강점을 조화롭게 활용합니다. 오징어 게임에서 이 유형과 가장 유사한 캐릭터는 주인공 성기훈입니다. 그는 다양한 배경의 참가자들을 이해하고, 그들의 능력을 활용하여 팀을 이끌었습니다. 이 유형은 조화를 단순히 목표로 하는 것보다는, 다양한 관점과 배경을 수용하고 존중함으로써 조직 내에서 다양성의 가치를 옹호하는 데 중점을 둡니다. 이들은 포용적 문화를 만들어 조직 전체의 균형을 유지하고, 모든 구성원이 기여할 수 있는 환경을 조성하려고 합니다.

장점

포용성 : 다양한 의견과 아이디어를 수용합니다.

시너지 창출 : 팀원들의 다양한 강점을 조합하여 높은 성과를 달성합니다.

오징어게임으로 본 인간과 조직 이야기

갈등 해결 : 서로 다른 관점 간의 균형을 잡아 갈등을 효과적으로 관리합니다.

단점

의사결정 지연 : 모든 의견을 고려하다 보니 결정이 늦어질 수 있습니다.

리더십 약화 우려 : 지나친 포용이 때로는 리더의 권위를 약화시킬 수 있습니다.

복잡성 증가 : 다양한 요소를 고려해야 해서 관리가 복잡해질 수 있습니다.

성기훈은 게임 전반에 걸쳐 다양성을 인정하고 조화를 이루는 리더십의 모습을 보여줍니다. 성기훈은 팀원들의 다양한 능력을 인정하고, 각자의 장점을 활용하는 전략을 세웁니다. 그는 알리의 힘, 새벽의 민첩성, 오일남의 지혜 등 팀원 각자의 강점을 조화롭게 활용하여 승리를 이끌어냅니다. 또한, 마지막 게임에서 상우와의 갈등 상황에서도 성기훈은 끝까지 대화와 이해를 통해 문제를 해결하려 노력합니다. 이는 다양성 리더십의 핵심인 갈등 해결 능력을 보여주는 장면입니다.

다양성 옹호형은 팀 내 다양한 의견을 청취하고, 이를 의사결정에 반영합니다. 구성원들의 개성과 강점을 인정하고, 이를 활용할 기회를 제공합니다. 권위보다는 신뢰를 바탕으로 팀을 이끕니다. 갈등 상황에서도 대화와 타협을 통해 해결책을 모색합니다.

조직에서의 다양성 옹호형은 조직 내에서 갈등을 최소화하는 데 목적을 두기보다는, 서로 다른 의견과 배경을 가진 사람들이 공존하고 성장을 내는 이뤄내는 것에 중점을 둡니다. 이를 통해 조직이 변화와 혁신에 유연하게 대응할 수 있도록 돕습니다.

- 회의 중 : "우리 팀에는 다양한 배경과 경험을 가진 사람들이 있어요. 이 문제에 대해 각자의 관점에서 의견을 나눠볼까요?"

- 프로젝트 수행 시 : 팀원들의 다양한 능력을 고려하여 역할을 배분하고, 서로 협력할 수 있는 환경을 조성합니다. "이 부분은 A씨의 창의력과 B씨의 분석력이 함께 발휘되면 좋은 결과가 나올 것 같아요."

오징어게임으로 본 인간과 조직 이야기

다른 유형과의 상호작용

다양성을 인정하는 리더십은 "사람 관계를 중시하는 친화형"과 잘 어울립니다. 두 유형 모두 팀의 화합과 협력을 중요시하기 때문입니다. 이 리더십 스타일은 친화형의 대인관계 능력을 활용하여 팀 내 다양성을 더욱 효과적으로 관리할 수 있습니다. 한편, 이 유형은 모든 유형과 잘 어울릴 수 있는 포용성을 가지고 있습니다. "기회를 놓치지 않는 승부사형"의 도전 정신, "원칙수호형"의 일관성, "혁신을 주도하는 변화주도형"의 창의성, "전문성으로 승부하는 전문가형"의 깊이 있는 지식 등 모든 유형의 장점을 인정하고 활용할 수 있습니다. 다양성의 가치를 인정하고 포용하는 다양성 옹호형 리더십은 그 어느 때보다 절실히 요구됩니다. 다양한 배경과 관점을 가진 구성원들의 잠재력을 끌어내어 조직의 혁신과 성장의 동력으로 삼을 수 있기 때문입니다.

VUCA 시대, 기업에는 다양성을 품는 겸허함과 포용력이 요구됩니다. 획일성의 틀에서 벗어나 다양성을 창의와 혁신의 원천으로 활용할 때, 비로소 불확실성의 파도를 넘어 성장의 기회를 잡을 수 있을 테니까요. 다양성 옹호형 리더는 개개인의 차이를 인정하고 존중하는 포용적 조직문화를 조성합니다. 이를 통해 구성원들은 자신의 고유한 강점과 창의성을 마음껏 발휘할 수 있게 됩니다. 서로 다른 생각들이 충돌하고 융합하는 과정에서 혁신적인 아이디어와 해법이 탄생하게 되는 것이죠.

다양성을 인정하고 조화를 이루는 리더십의 중요성을 더 잘 이해하기 위해 대조적인 리더십 스타일을 살펴볼 필요가 있습니다. 바로 권위적 리더십입니다. '권위적 리더십'은 리더의 지위와 권력에 기반한 일방적 통제와 명령을 특징으로 합니다. 이런 리더십 하에서는 구성원들의 의견이나 창의성이 억압되고, 수직적 위계질서가 강조됩니다. 리더의 결정에 무조건 복종할 것을 요구하는 것이죠. 하지만 이는 구성원들의 자발적 참여와 몰입을 저해하고, 조직의 유연성과 혁신 역량을 떨어뜨리는 결과를 초래할 수 있습니다.

'권위적 리더십'과 '명확하고 강한 리더십'은 겉으로는 비슷해 보이지만, 그 본질에 있어서는 큰 차이가 있습니다. 이 둘을 혼동하는 것은 리더십에 대한 오해를 불러일으키고, 건강한 조직문화 조성에 걸림돌이 될 수 있습니다.

'명확하고 강한 리더십'은 조직의 비전과 목표를 분명히 제시하고, 이를 달성하기 위해 구성원들을 이끌어가는 능력을 의미합니다. 강력한 방향성 설정과 일관된 실행력이 특징이지만, 이는 권위에 의한 것이 아니라 리더의 비전과 역량에서 나오는 것입니다. 오히려 명확하고 강한 리더십은 구성원들과 활발히 소통하며 그들의 의견에 귀 기울입니다. 다양한 관점을 수렴하여 의사결정의 합리성을 높이고, 구성원 개개인의 역량이 최대한 발휘될 수 있도록 이끌기 위함입니다. 동시에 조직의 가치와 규범을 명확히 정립하여 구성원들이 한 방향으로 나아갈 수 있게 합니다.

현 시대에는 업종과 규모 상관없이 권위적 리더십이 설 곳이 없습니다. 인간을 부품으로 여기지 않는 이상 강제와 통제는 조직의 성과와 구성원 만족을 이끌어내기 어렵습니다. 권위에 의존하는 리더십은 변화의 시대에 역행하는 것입니다. 일방적 통제보다는 쌍방향 소통이 중시되는 지금, 다양성 옹호형의 기질을 갖추기 위한 노력이 요구됩니다.

자가 진단 체크리스트

문항 (5점 만점)	1	2	3	4	5
팀원들의 다양한 배경과 가치관을 존중하려 노력하나요?					
소수 의견도 경청하고 열린 마음으로 수용하나요?					
팀원 개개인의 강점을 파악해 역량 발휘의 기회를 제공하나요?					
다양한 아이디어를 장려하고 자유로운 토론 문화를 조성하나요?					
소외되는 동료가 없도록 적극적으로 지원하고 있습니까?					

다양성 옹호형의 강점을 살리고 약점은 보완하는 질문들

- 균형잡기 : 다양한 의견을 수용하면서도 어떻게 하면 신속한 의사결정을 할 수 있을까요? 포용성과 결단력 사이의 균형을 어떻게 맞출 수 있을까요?

- 갈등관리 : 다양성으로 인해 발생하는 팀 내 갈등을 어떻게 하면 더 효과적으로 관리할 수 있을까요? 차이를 존중하면서도 팀의 일체감을 유지하는 방법은 무엇일까요?

- 잠재력 극대화 : 팀원 각자의 고유한 강점을 어떻게 하면 더 잘 파악하고 발전시킬 수 있을까요? 다양한 능력을 조직의 목표와 어떻게 연결시킬 수 있을까요?

- 포용적 문화 조성 : 조직 전반에 걸쳐 다양성과 포용성을 중시하는 문화를 어떻게 확산시킬 수 있을까요? 이를 위해 리더로서 할 수 있는 구체적인 행동은 무엇일까요?

- 자기인식 : 당신 자신의 편견이나 고정관념은 무엇인가요? 이를 극복하고 더 포용적인 리더가 되기 위해 어떤 노력을 할 수 있을까요?

  이러한 질문들을 통해, 우리는 다양성과 조화를 중시하는 리더십의 가치를 더욱 깊이 이해하고, 실제 조직 생활에서 이를 실천할 방법을 모색할 수 있습니다. 기억하세요. 진정한 다양성 옹호 리더십은 차이를 인정하는 것에서 시작하여 그 차이를 조직의 강점으로 승화시키는 것입니다.

자기 이익만을 추구하는 빌런

  지금까지 우리는 조직 내에서 만날 수 있는 대표적 유형의 사람들을 살펴보았습니다. 각 유형은 나름의 강점과 특징을 가지고 있죠. 조직이 최상의 성과를 내기 위해서는 이러한 다양성을 인정하고, 각자의 장점을 조화롭게 융합하여 시너지를 창출해야 합니다. 따라서 구성원 개개인이 서로의 특성과 강점을 이해하고 존중하는 것은 매우 중요한 역량이라 할 수 있습니다.

하지만 추가적으로 기억할 사실도 있습니다. 모든 유형을 이해할 수는 없다는 것이죠. 개인의 노력으로 어찌 해볼 수 없는 유형도 있습니다. 아무리 노력해도 조직에 맞지 않는 유형이 있습니다. 특히 자신의 이익만을 추구하며 타인을 배려하지 않는 이들은 조직 전체의 분위기를 해치는 빌런입니다.

오징어게임 속 조폭 장덕수

오징어 게임에서 장덕수는 극단적인 이기주의와 비윤리적인 행동으로 다른 참가자들의 생존을 위협하는 인물입니다. 그는 자신의 이익을 위해서라면 수단과 방법을 가리지 않고, 심지어는 살인도 서슴지 않습니다.

오징어게임으로 본 인간과 조직 이야기

장덕수의 행동은 게임 초반부터 문제의 소지를 보였습니다. 그는 다른 참가자의 약점을 이용해 자신의 이익을 추구했고, 동료를 배신하는 것도 마다하지 않았죠. 하지만 진정한 빌런의 모습은 불침번 게임에서 극명하게 드러납니다.

"너가 죽어야 내가 산다."

장덕수는 자신의 생존을 위해 무고한 사람을 살해합니다. 그의 행동은 완전한 이기심에서 비롯된 것으로, 타인의 생명을 전혀 고려하지 않습니다. 이는 단순히 경쟁심이 과열된 것이 아니라, 인간성 자체를 상실한 것에 가까운 행위였죠. 더욱 문제가 되는 것은, 감시자들은 이러한 장덕수의 행동을 방치하고 오히려 조장했다는 점입니다. 그들은 장덕수의 살인 행위를 묵인하고, 심지어 상금을 올리면서 참가자들 간의 갈등을 부추겼습니다. 이로 인해 게임 내에서는 폭력과 배신이 만연하게 되었고, 참가자들은 극도의 스트레스와 공포에 시달리게 되었죠.

이는 현실 세계의 조직에서도 마찬가지입니다. 만약 조직 내에서 개인의 이익만을 추구하고 비윤리적인 행동을 하는 ‘

빌런'이 나타난다면, 이를 방치해서는 안 됩니다. 이러한 행동을 용인하는 순간, 조직 전체가 부정적인 방향으로 나아갈 수 있기 때문입니다.

따라서 조직은 이러한 '빌런'을 식별하고 적절히 대처할 수 있는 시스템을 갖추어야 합니다. 채용 과정에서부터 철저한 인성 검사를 진행하고, 조직의 가치관과 윤리 규범을 명확히 설정하여 구성원들이 이를 준수하도록 해야 합니다. 만약 '빌런'이 발견된다면, 조직 차원에서 강력한 제재를 가하고, 필요하다면 퇴출도 고려해야 할 것입니다.

동시에 '빌런'을 만들어내는 환경에도 주의를 기울여야 합니다. 지나친 경쟁, 성과주의, 비윤리적인 관습 등은 '빌런'을 양산하는 토양이 될 수 있습니다. 이를 예방하기 위해서는 꾸준하게 구성원 간의 신뢰와 협력을 장려하고, 윤리적인 행동을 보상하는 시스템을 마련해야 할 것입니다.

직장에서의 빌런은 직장에서 자신의 이익을 위해 동료를 배신하고, 비윤리적인 행동도 서슴지 않습니다.

회의 중 : 자신의 아이디어를 관철시키기 위해 동료의 의견을

무시하거나 왜곡합니다.

프로젝트 수행 시: 동료의 실수를 부각시켜 자신의 능력을 과시하려 합니다.

다른 유형과의 상호작용

빌런은 기본적으로 자신의 이익을 위해 다른 사람을 이용하려 하므로, 모든 유형과 건설적인 관계를 맺기 어렵습니다.

승부사형 : 빌런은 승부사형의 도전 정신과 위험 감수 성향을 이용하여 자신의 이익을 추구할 수 있습니다.

소신형 : 빌런은 소신형의 원칙주의를 이용하여 자신의 비윤리적 행동을 정당화하려 할 수 있습니다.

친화형 : 빌런은 친화형의 동료애와 신뢰를 이용하여 자신의 이익을 추구할 수 있습니다.

변화주도형 : 빌런은 변화주도형의 혁신 아이디어를 가로채거나, 실패의 책임을 전가할 수 있습니다.

전문가형 : 빌런은 전문가형의 지식과 기술을 이용하여 자신의 능력을 과시하려 할 수 있습니다.

자기 진단 체크리스트 아래 문항에 '그렇다'고 답한 문항이 많을수록, 당신은 '빌런'의 성향을 가지고 있을 가능성이 높습니다.

- 나는 내 이익을 위해서라면 규칙을 어겨도 된다고 생각한다.
- 나는 동료의 실수나 약점을 이용해 내 능력을 부각시키려 한다.
- 나는 내 아이디어가 채택되기 위해 동료의 의견을 무시하거나 왜곡한 적이 있다.
- 나는 동료를 이용해 내 일을 덜어낸 적이 있다.
- 나는 실수에 대한 책임을 동료에게 전가한 적이 있다.

'빌런'에 대한 조직의 대응 방안
- 채용 과정에서의 인성 검사 강화 : 조직은 채용 과정에서 지원자의 인성을 면밀히 검토해야 합니다. 단순히 능력만을 보는 것이 아니라, 윤리 의식, 협업 능력, 이타심 등을 종합적으로 평가해야 합니다.

- 조직의 가치관과 윤리 규범 설정 : 조직은 구성원들이 공유할 수 있는 명확한 가치관과 윤리 규범을 설정해야 합니다. 이를 통해 구성원들이 조직의 방향성을 이해하고, 비윤리적 행동을 예방할 수 있습니다.

- 비윤리적 행동에 대한 제재 : 조직 내에서 비윤리적 행동이 발견되면, 즉각적이고 강력한 제재가 이루어져야 합니다. 이는 다른 구성원들에게 경각심을 줄 뿐만 아니라, 조직의 건전성을 유지하는 데 도움이 됩니다.

- 신뢰와 협력의 조직문화 구축 : 조직은 구성원 간의 신뢰와 협력을 장려하는 문화를 만들어야 합니다. 이는 '빌런'이 발붙이기 어려운 환경을 조성하는 동시에, 조직의 건강성을 높이는 데 기여할 것입니다.

- 윤리적 행동에 대한 보상 시스템 : 조직은 윤리적이고 협력적인 행동을 한 구성원에게 적절한 보상을 제공해야 합니다. 이는 구성원들이 바람직한 행동을 하도록 동기부여하는 효과가 있습니다.

빌런은 개인의 이익만을 추구하며 조직에 해를 끼치는 존재입니다. 하지만 우리가 주의깊게 살펴보면, 어쩌면 우리 자신 안에도 빌런의 모습이 있을지 모릅니다. 중요한 것은 이를 인지하고, 끊임없이 자신을 돌아보는 것입니다.

우리 모두는 조직이라는 공동체 안에서 함께 성장하고 발전해 나가는 존재입니다. 개인의 이익보다는 공동의 가치를, 경쟁보다는 협력을 추구할 때, 우리는 빌런이 아닌 영웅이 될 수 있을 것입니다.

3부를 마무리하며

사람은 하나의 유형 속에서만 속하지는 않습니다. 각 유형의 모습을 두루두루 가지고 있되 그 중 가장 지배적 유형이 무엇인지 확인해보는 시간을 가졌습니다. 사람을 이해하고, 그들의 행동을 예측할 수 있다면 우리는 더 나은 선택을 할 수 있게 됩니다. 이 접근이 어려워 보일지 모르지만, 사실은 직관적이고 단순합니다. 우리가 모두 각자의 게임을 하고 있고, 그 속에서 함께 살아가야 한다는 걸 이해하는 것만으로도, 우리는 서로에게 조금 더 따뜻한 손길을 내밀 수 있거든요. 그리고 그 손길이 결국 우리가 일에서 더 나은 결과를 만들고, 더 나은 관계를 형성하는 첫걸음이 됩니다.

사람을 이해하는 것이 일을 더 잘하기 위한 중요한 방법인 이유는 간단합니다. 회사에서의 성과는 단순히 개인의 능력만으로 이루어지지 않기 때문이죠. 각자 다른 생각과 방식을 가진 사람들이 함께 일하는 곳이기에, 그들이 어떻게 행동하고, 무엇을 중요하게 생각하는지 아는 것이 협업의 첫걸음입니다. 서로를 이해하지 못하면 작은 오해가 쌓이고, 그게 결국 큰 갈등으로 이어질 수 있습니다. 반면, 상대방의 입장에서 생각하고 그들의 강점과 약점을 알게 되면 더 나은 관계를 맺을 수 있고, 일을 진행하는 과정도 훨씬 수월해집니다.

경영자는 오징어 게임 속 다양한 인간 군상을 통해 조직 내 사람들의 행동과 심리를 더 깊이 이해할 수 있습니다. 플라톤은 '사람을 알면 그가 속한 세상을 알 수 있다'고 말했습니다. 이 말처럼, 조직 안에서 각기 다른 성향을 가진 사람들을 제대로 이해할 때, 더 나은 리더십을 발휘할 수 있습니다. 각자의 행동과 욕망이 다르더라도, 그들의 강점을 조직의 목표와 일치시키는 것이 진정한 리더십의 시작입니다.

조직이 성장하려면, 단순히 성과만을 바라볼 것이 아니라 그 성과를 이루는 사람들의 성향과 동기를 이해해야 합니다. 누군가는 전략을 짜고, 또 누군가는 협력하는데 집중하며, 어떤 이는 묵묵히 자신의 역할을 다합니다. 각기 다른 성향의 사람들과 조화를 이루는 것이 조직이 성공하는 열쇠입니다. 고대 그리스의 철학자 플라톤의 말처럼, 사람을 알면 그들이 속한 조직을 더 깊이 이해할 수 있습니다.

사람을 이해하는 능력은 단순한 인간관계에 그치지 않습니다. 이를 통해 더 나은 협력이 이루어지고, 조직 내에서 발생하는 갈등을 줄일 수 있습니다. 각자가 가진 '게임 방식'을 알게 되면, 그들의 행동을 예측하고 그들의 역량을 조직의 성공으로 이끌어낼 수 있죠. 결국 조직에서의 진정한 성과는 사람을 이해하는 데서 출발합니다. 사람을 어떻게 이해하고 다루느냐에 따라, 그들의 잠재력을 최대한 끌어낼 수 있을 겁니다.

마지막으로 오징어 게임 속 상우의 대사처럼, "우리가 여기서 살아남는 방법은 단 하나야. 믿을 사람은 나 자신밖에 없어." 하지만 현실에서는 다릅니다. 조직의 성공은 자신만이 아닌, 서로를 이해하고 함께할 때 비로소 완성됩니다.

오징어게임으로 본 인간과 조직 이야기

위기 속에 빛나는
인간중심 경영

4부에서는 과도한 내부 경쟁이 가져오는 부작용, 신뢰와 협력의 중요성, 그리고 위기 속에서 빛을 발하는 진정한 리더십에 대해 이야기할 것입니다.

여러분은 어떤 조직에서 일하고 계신가요? 그곳에서 여러분은 어떤 역할을 하고 계신가요? 승자가 되기 위해 모든 것을 걸어야 하는 참가자인가요, 아니면 게임의 규칙을 만들고 집행하는 관리자인가요?

어쩌면 우린 모두 참가자이면서 동시에 관리자입니다. 우리가 만드는 선택이 곧 규칙이 되고, 그 규칙 속에서 우리는 또 다시 선택을 해야 하니까요. 아침에 눈을 뜨는 순간부터 밤에 잠자리에 들 때까지, 우리는 크고 작은 게임의 규칙 속에서 숨 쉬고 있습니다. 오징어 게임은 우리에게 묻습니다.

"당신은 어떤 선택을 하겠습니까?"

하지만 그 답은 결코 쉽지 않습니다. 왜냐하면 그 선택의 순간마다 우리의 가치관, 윤리, 인간성이 시험대에 오르기 때문입니다. 오징어 게임의 세계로 들어가 우리가 속한 조직을 조금 더 나은 곳으로 만들 수 있는 지혜를 찾아보겠습니다.

과도한 내부 경쟁이 초래하는 조직의 부작용

승리한 성기훈에게 프로트맨이 말합니다.

"당신들은 '말'입니다. 경기장의 말"

오징어 게임에 등장하는 참가자들은 더 이상 '인간'으로 취급받지 못합니다. 그들은 권력과 부를 거머쥔 VIP들의 지루함을 달래기 위한 놀이물에 불과할 뿐이죠. 돈과 권력이 넘쳐나는 삶을 살아온 VIP들에게 일상의 자극은 더는 즐거움을 주지 못하죠.

이들에게 새로운 재미를 선사하는 건 바로 극한의 경쟁 상황 속 인간의 속살을 들여다보는 일입니다. 살아남기 위해 벌이는 치열한 경쟁 속에서 참가자들은 점차 인간성의 가면을 벗기 시작하고, VIP들은 그 민낯을 관음하며 쾌락을 느낍니다. 결국 돈과 권력으로 인해 무감각해진 VIP들에게 타인의 고통은 신선한 즐거움을 안겨주는 셈입니다.

"나는 말이 아니야. 나는 사람이야. 그래서 더 궁금해. 너희들이 누군지. 어떻게 사람에게 이런 짓을 할 수 있는지"

오징어 게임에 다시 참여하기를 선언하는 주인공 성기훈의 대사로 시즌 1은 종료됩니다. 시즌 2가 기대되는 이유입니다.

과도한 경쟁은 우리로 하여금 인간성을 상실하게 만듭니다. 경쟁에서 이기기 위해 우리는 점점 더 타인을 배려하지 않고, 자신의 이익만을 좇게 됩니다. 그 과정에서 우리는 어느새 소중한 가치들을 잃어버리고 맙니다. 정직, 신뢰, 공감, 연대와 같은 인간적 가치들은 경쟁의 광풍 속에 점점 우리에게서 멀어집니다.

성공을 위해 달려가는 동안, 우리는 삶에서 진정 중요한 것들을 잊어버리기 쉽습니다. 가족과 함께하는 소중한 시간, 친구들과 나누는 따뜻한 대화, 자신만의 취미와 여유를 즐기는 일, 함께 일하는 사람들과의 협력과 신뢰 등 정작 우리에게 행복과 위안을 주는 일상의 가치를 등한시하게 되는 것입니다. 경쟁에 매몰되어 달려가다 보면 어느 순간 주위를 돌아볼 여유조차 없어집니다.

그렇게 치열한 경쟁 끝에 얻은 성취 뒤에는 종종 공허함이

기다리고 있습니다. 정작 중요한 것들을 잃어버리고 얻은 성공은 오히려 우리를 더 허탈하게 만듭니다. 경쟁에서 이기기 위해 잃어버린 소중한 것들을 되돌아보며, 우리는 성공 뒤에 남겨진 텅 빈 마음을 절감하게 되죠.

오징어 게임의 설계자인 오일남은 삶을 마감하는 그 순간까지 성기훈에게 집요하게 묻습니다.

1번 참가자 오일남 할아버지

"자네, 아직도 사람을 믿나? 그 일을 겪고도?"
"정말 아직도 사람을 믿나?"

오일남은 무엇을 확인하려 했던 걸까요? 어쩌면 그는 부와

명예를 좇는 과정에서 인간성을 상실한 자신의 모습이 옳다는 것을 입증하고 싶었는지도 모릅니다. 하지만 그는 이미 진실을 알고 있었어요.

"자네를 왜 살려줬냐고 물었지? 재미있었거든, 자네과 같이 노는게. 그렇게 재밌었던건 정말 오랜만이었어"

이 말을 남기고 오일남은 눈을 감습니다. 결국 그가 간직했던 마지막 행복의 기억은 게임의 승리나 부와는 거리가 멀어 보입니다. 인생에서 부는 분명 중요한 요소입니다. 돈은 우리에게 물질적 풍요와 안정을 가져다주고, 더 나은 기회를 제공하죠. 하지만 물질적 성공을 위해 수단과 방법을 가리지 않고, 심지어 타인을 이용하거나 짓밟는다면 그것이 과연 진정한 행복일까요?

과도한 경쟁, 그 끝에 남는 것은 상실감과 공허함뿐일지도 모릅니다. 조직 안에서 중요한 것은 경쟁이 아니라 재미입니다. 우리는 재미를 통해 성과를 내고, 재미를 통해 성장해야 합니다. 재미가 있으려면 도전, 협력, 그리고 존중과 배려가 필수입니다. 도전을 통해 성공할 수도 있지만, 때로는 실패할 수도 있습니다. 실패는 우리를 좌절하게 하고, 두려움도 느끼게 합니다. 하지만 그때 함께 하는 동료들, 그리고 실패에도 불구하고 다시 도전할 수 있는 기회와 격려가 있다면, 우리는 다시 일어설 수 있습니다.

일이 쉬워서 재미있는 것이 아닙니다. 일이 성장에 도움이 되면 재미있습니다. 도전과 실패, 그리고 다시 일어서는 과정 속에서 우리는 진정한 재미를 느끼고, 더 크게 성장합니다. 이것이 조직이 추구해야 할 재미입니다.

"이번 프로젝트, 네가 맡아줄 수 있을까?"
"미안해요, 저는 제 일만으로도 벅차서..."

우리는 종종 동료의 부탁을 거절하게 됩니다. 내 일만으로 벅차서 도와주고 싶은 마음이 있지만 현실적으로 어려워 어쩔 수 없이 거절할 때가 있습니다. 반면, 다른 사람을 돕는 것이 내 성과에 방해가 될까 두렵거나 귀찮아서 거절하는 경우도 있습니다. 같은 배를 탄 구성원 간의 사일로는 결국 스스로를 고립시킵니다.

사일로(Silo)는 본래 곡식이나 사료를 저장하는 탑을 뜻하는 말이지만, 조직 내에서는 서로 다른 부서나 팀이 고립되어 정보나 자원을 공유하지 않는 현상을 가리키는 용어로 사용됩니다. 이러한 사일로 현상이 나타나면 각 부서는 자기 부서의 목표와 성과만을 중시하게 되고, 다른 부서와의 소통과 협력은 뒷전으로 밀리게 됩니다. 그 결과, 정보의 흐름이 원활하지 않고 부서 간 협력이 이루어지지 않아 여러 가지 문제가 발생하게 되죠.

그러다보니 조직 전체의 효율성이 저하됩니다. 부서나 팀 간의 협업이 부족하니 자원이 중복되거나 비효율적으로 사용되는 일이 생기게 되죠. 또한 업무 프로세스가 길어지면서 회사 전반의 성과가 떨어지는 결과를 초래할 수 있습니다. 부서의 협력과 승인을 이끌어내다가 고객경험은 뒷전이 됩니다. 내부의 과도한 경쟁의 그림자는 반드시 고객의 경험으로 이어집니다. 구성원 간의 불신도 깊어집니다. 조직 내 분위기가 나빠지고, 직원들의 사기가 저하되는 문제가 발생할 수 있습니다. 하루 가장 오랜 시간을 보내는 일터에서 불신의 감정을 안고 있는 인간의 삶이 온전할리 없습니다. 소중한 가족과 친구에게까지 감정이 전이됩니다. 사회의 문제입니다. 사회와 조직, 개인은 하나의 연결고리로 동일한 에너

오징어게임으로 본 인간과 조직 이야기

지를 나눕니다.

한때 휴대폰 시장을 주도했던 노키아의 몰락에도 사일로 현상이 있었습니다. 부서 간 정보 공유가 원활히 이루어지지 않아 시장 변화에 제때 대응하지 못한 것이 경쟁력 상실로 이어졌던 것입니다. 미국 항공우주국(NASA)의 우주 왕복선 챌린저호 폭발 사고에서도 사일로 문제가 지적되었습니다. 여러 팀이 각기 다른 부서에서 일하면서 정보 교류가 원활하지 않아, 안전에 치명적인 기술적 문제들이 제대로 전달되지 않았던 것이 사고의 원인 중 하나로 밝혀졌습니다.

경쟁이 심해질수록 안전한 선택을 하려는 경향이 강해집니다. "이번에는 새로운 방식을 시도해보면 어떨까요?", "아니요, 기존 방식이 안전합니다. 실패하면 책임져야 하니까요." 혁신은 실패의 위험을 감수할 때 찾아옵니다. 하지만 과도한 경쟁은 우리에게 위험을 감수할 용기를 뺏어가 버립니다.

무엇보다 끊임없는 경쟁은 우리를 지치게 합니다. 오징어 게임의 참가자들이 게임이 진행될수록 육체적, 정신적으로 소진되어 가는 모습을 보셨나요? 우리의 일상도 그리 다르지 않습니다. 번아웃과 우울증, 그리고 일과 삶의 불균형. 이것이 과연 우리가 원하는 성공의 모습일까요?

오징어 게임은 자본주의 사회에서 경쟁이 어떻게 개인을 비인간화하고 물화시키는지 비판합니다. 게임 참가자들은 단순히 돈을 위한 도구로 전락하고, 그들의 생명과 인격은 무시됩니다. 오징어게임은 경쟁의 승자와 패자, 그리고 그 과정에서 발생하는 불평등과 부조리에 대해 생각해볼 것을 촉구합니다. 경쟁 그 자체가 나쁜 것은 아니지만, 무한 경쟁 속에 상실되어 가는 비인격화의 아픔을 수면 위로 꺼내올립니다. 타인에 대한 공감과 배려, 인간의 존엄성이 보장되는 건강한 경쟁의 소중함을 상기시킵니다.

마지막 대결에서 기훈과 상우는 생존을 위해 서로를 적으로 맞서야만 하는 비극적인 상황에 직면합니다. 어린 시절부터 한 동네에서 형제처럼 자랐던 두 사람은 이제 칼끝을 겨누고 있습니다. 게임 내내 비윤리적이고 잔인한 행동을 보인 상우에 대한 분노와 실망으로 가득 찬 기훈은 결국 상우를 쓰러뜨리는 데 성공하죠.

하지만 승리가 코앞에 다가온 순간, 기훈은 놀라운 선택을 합니다. 그는 상금을 포기하고 상우와 함께 게임에서 빠지겠다고 선언합니다. 친구를 구하고 인간다운 모습을 지키는 것이 돈보다 훨씬 소중하다는 깨달음이 그를 움직인 거죠. 하지만 상우는 이를 거부하고 스스로 게임에서 탈락합니다. 성기훈은 바라지 않았던 최후의 승자가 되고 맙니다.

456억이라는 어마어마한 돈이 그의 것이 되었지만, 그 과정에서 그는 소중한 친구를 잃었고, 어린 시절의 추억을 함께 나눴던 동생에게 상처를 주었으며, 거짓과 배신으로 얼룩진 자신을 마주하게 됩니다. 성기훈에게 이 돈은 결코 성공의 상징이 아닙니다. 오히려 그것은 인간성을 잃어버린 대가로 얻은 패배의 증표인 셈이죠.

과도한 내부 경쟁은 마치 독배와 같습니다. 함께했을 때 얻을 수 있는 시너지를 포기하고, 결국 모두가 손해를 보게 되는 것이죠. 처음에는 우리를 자극하고 성과를 내게 만들지만, 결국에는 우리의 영혼을 갉아먹고 조직을 병들게 합니다.

경쟁은 마치 잘 닦인 칼과도 같습니다. 그 칼을 어떻게 사용하는지에 따라, 조직의 성과를 극대화하거나 반대로 깊은 상처를 남길 수 있죠. 잘 관리된 경쟁은 개인과 조직 성장의 강력한 촉매제가 될 수 있습니다. 오징어 게임 속에서도 참가자들은 서로를 이기기 위해 치열하게 싸웁니다. 하지만 단순히 상대를 물리치는 것이 아닌, 게임의 규칙을 이해하고, 전략적으로 움직이며 함께 하는 사람들과 상생하려 할 때 결국 자신도 살아남을 수 있었습니다.

우리는 그 경쟁의 방향을 바꿀 수 있습니다. 서로를 밟고 올라서는 경쟁이 아니라, 함께 성장하는 경쟁으로 말이죠.

건강한 경쟁, 과연 가능한 일일까요?

건강한 경쟁이 이루어지기 위해서는 우선 구성원들에게 명확한 목표가 제시되어야 합니다. 경쟁의 방향성과 의미를 모두가 공유할 때 비로소 건설적인 경쟁이 가능해집니다. 이와 더불어, 경쟁의 결과를 평가하는 기준 또한 투명하게 공개되어야 합니다. 평가의 공정성과 객관성이 담보될 때 구성원들은 경쟁의 과정과 결과를 수용할 수 있습니다.

한편, 건강한 경쟁은 개인의 성과 향상이라는 목표를 넘어 조직 전체의 목표 달성과 연계되어야 합니다. 위에 언급한 명확한 목표에 따라 개인의 업무가 어떻게 조직 전체 목표에 기여할 수 있는지 설명이 되면 개인과 조직이 연결(Align)됩니다. 이 과정에서 불가피한 개인 간 경쟁이 생길 수 있습니다. 그러나 그 경쟁으로 통해 조직이 성장하고 발전된다는 것도 설명되어야 합니다. 그렇지 않다면 그것은 단순한 내부 경쟁에 그칠 뿐입니다. 오징어 게임 속 잔혹한 경쟁처럼요. 따라서 경쟁의 결과가 조직의 성장과 혁신으로 이어질 수 있도록 유도하는 것이 중요합니다.

마지막으로, 건강한 경쟁 문화가 정착되기 위해서는 성과를 내는 과정에서의 상호 존중과 배려의 가치가 전제되어야 합니다. 다행히 현실은 진짜 전쟁이 아니고 진짜 게임도 아닙니다. 남이 죽어야만 내가 살아남는 것이 아닙니다. 내부에서 총을 겨누며 서로를 깎아내리고 적대시하지 않아도 자신과 조직을 생존시킬 수 있습니다. 굳이 타인을 해칠 필요가 없습니다. 오히려 경쟁을 통해 서로의 강점과 약점을 파악하고, 이를 보완하며 함께 성장하는 계기로 삼을 수 있습니다. 이를 위해 조직 차원에서 협력과 상생의 가치를 강조하고, 건전한 경쟁을 장려하는 분위기를 조성하는 것이 필요합니다. 우리가 무엇을 향해 달려가고 있으며, 그 과정에서 느끼는 다양한 인간의 감정을 존중하고 그 감정에 따라 이성이 흔들릴 수 있음을 이해하는 것 자체에서 인간에 대한 존엄성을 지키며 성과를 내보려는 시도입니다.

상호 존중과 배려의 문화를 조직 내에 정착시키기 위해서는 '절대 용납될 수 없는 언행'에 대한 엄격한 기준을 세우는 것이 효과적일 수 있습니다. 단순히 좋은 행동만을 장려하는 것이 아니라, 조직에 부정적인 영향을 미치는 말과 행동을 민감하게 포착하여 그것이 결코 용인될 수 없음을 분명히 하는 거죠. 행복한 부부들의 비결 중 하나가 –상대방이 싫어하는 일은 절대 하지 않는다–라는 말을 어디선가 들은 적이 있습니다. 사람마다 선호하는 감정의 스펙트럼과 성향이 다르기에 모든 사람의 니즈를 완벽히 충족시키는 건 쉽지 않습니다. 그 보다는 상호 합의 하에 '절대 해서는 안 되는 일들'만큼은 확실히 지킨다면 조직 내에 존중의 가치가 살아 숨 쉴 수 있을 거라 확신합니다. 이를 위해 함께 일하는 동료들과 주기적으로 서로 간의 존중과 관련된 불편함을 솔직하게 나누는 시간을 가져보면 도움이 됩니다.

요컨대, 건강한 경쟁이란 명확한 목표, 투명한 평가, 공동의 비전, 그리고 상호 존중이라는 토대 위에서 이루어지는 선의의 경쟁을 의미합니다. 이러한 경쟁을 통해 개인과 조직은 지속적으로 발전하고 성장할 수 있습니다.

조직의 성공을 위해서는 숫자와 사람, 이 두 가지 요소가 모두 필수적입니다. 사람들의 노력과 헌신이 숫자로 나타나는 성과를 만들어내고, 그 성과는 다시 구성원들에게 동기부여가 되어 선순환을 이루게 되죠. 하지만 사람의 가치를 외면한 채 오로지 숫자만을 쫓는 경영 방식은 오징어 게임의 오일남이 걸어온 삶과 다를 바 없습니다.

오일남은 부와 권력을 추구하는 과정에서 어느새 인간성을 상실하고 말았습니다. 마찬가지로 조직이 구성원들의 존엄성을 무시한 채 숫자에만 집착한다면, 표면적인 성과는 올릴지 모르지만 내부는 점점 병들어갈 수밖에 없을 거예요. 진정한 의미의 성공은 숫자와 사람 사이의 조화로운 균형에서 비롯됩니다.

건강한 조직 문화란 구성원 개개인을 존중하고 그들의 가치를 인정하는 동시에, 전체의 목표 달성을 위해 함께 노력하는 것을 의미합니다. 숫자를 통해 성과를 가늠하되, 그 숫자 뒤에 숨어있는 사람들의 땀과 열정을 잊지 않는 거죠. 이런 균형 잡힌 접근을 통해서만 조직은 단기적인 성과를 넘어 지속 가능한 성장을 이룰 수 있습니다. 우리는 오징어 게임을 통해 돈과 권력만을 좇는 삶이 얼마나 공허한지 목도했습니다. 이제 조직 운영에 있어서도 같은 교훈을 되새길 때입니다. 숫자도 중요하지만, 결코 사람보다 우선시되어서는 안 됩니다. 구성원 개개인의 존엄성이 바로 조직의 근간이자 미래이기 때문입니다.

보상 시스템과 경쟁의 상관관계

앞서 우리는 과도한 내부 경쟁의 부작용과 건강한 경쟁의 필요성에 대해 살펴보았습니다. 그렇다면 이 경쟁의 방향을 결정짓는 요소는 무엇일까요? 바로 보상 시스템입니다.

오징어 게임에서도 보상은 참가자들의 행동을 좌우했습니다. 우승자에게 돌아갈 막대한 상금은 그들의 모든 선택을 지배했고, 결국 그 보상에 대한 갈망이 이들을 치열한 경쟁 속으로 몰아넣었습니다. 조직에서도 마찬가지입니다. 보상 시스템은 경쟁을 어떻게 이끌지 결정하는 중요한 도구입니다. 오징어 게임에서 참가자들이 막대한 상금을 얻기 위해 목숨을 걸고 경쟁한 것처럼, 조직에서도 보상은 구성원들이 더 높

오징어게임으로 본 인간과 조직 이야기

은 성과를 내고 목표를 달성하는 데 중요한 동력을 제공합니다. 적절한 보상은 구성원들이 자신의 역할에 최선을 다하게 만들고, 목표를 향해 끊임없이 도전하도록 이끄는 원동력이 됩니다.

보상 시스템이 조직 내 경쟁에 미치는 영향은 매우 큽니다. 사실 상 조직문화를 결정하는 요인으로 봐도 무리가 없지요. 적절하게 설계된 보상 시스템은 구성원들에게 강력한 동기부여를 제공할 뿐만 아니라, 조직이 추구하는 행동 방향과 문화적 가치를 설정하는 데 필수적인 요소입니다. 어떤 행동과 성과를 보상하느냐에 따라 조직의 문화가 형성됩니다. 예를 들어, 혁신적 사고를 보상한다면, 구성원들은 새로운 아이디어와 창의적인 문제 해결을 장려하는 문화 속에서 일하게 될 것입니다. 반대로 기존의 규칙과 관습을 고수하는 성과만을 보상한다면, 변화와 도전이 억제된 보수적인 조직 문화가 형성될 수 있습니다. 즉, 보상 시스템은 조직의 미래 방향과 핵심 가치를 구체화하는 데 큰 영향을 미칩니다.

또한 보상 시스템은 구성원들이 조직에서 어떤 행동에 집중해야 할지 결정하는 중요한 기준으로 작동됩니다. 보상이 단기적인 성과에 초점을 맞춘다면, 구성원들은 장기적인 가치 창출보다는 즉각적인 결과에 집중하게 됩니다. 반면, 장기적인 목표와 지속 가능한 성과에 대한 보상이 주어진다면, 구성원들은 더 큰 그림을 보며 행동합니다.

무엇보다 보상 시스템은 경쟁과 협력 사이의 균형을 맞추는 데 중요한 역할을 합니다. 개인 성과와 팀 성과를 균형 있게 보상하는 시스템을 구축하면, 구성원들은 건강한 경쟁과 협력을 동시에 추구합니다. 개인적인 성과를 강조하면서도, 팀 전체의 목표 달성에 기여하는 협력적 성과가 인정받는다면, 조직 내에서 구성원 간의 시너지 효과가 발생할 수 있습니다. 이를 통해 과도한 경쟁으로 인한 갈등을 예방하고, 신뢰와 협력을 기반으로 한 조직 문화를 형성할 수 있습니다.

보상 시스템은 공정함을 품고 있어야 합니다. 그래야 보상의 진정성이 느껴집니다. 보상이 불공정하거나 편파적으로 이루어지면, 조직 내 신뢰가 무너지고, 구성원 간의 갈등과 불만이 증가할 수 있습니다. 반대로, 공정한 보상 시스템은 구성원들에게 심리적 안전감을 주면서, 조직 전체의 성과를 향상시키는 데 기여합니다. 공정성이 보장된 보상 시스템은 구성원들이 조직의 목표에 더 몰입하게 하고, 개인과 팀 모두가 성공을 이루는 건강한 경쟁 문화를 조성합니다.

이렇듯 보상 시스템은 단순한 성과 평가 도구 이상의 의미를 가집니다. 조직의 경쟁과 협력, 문화 형성에 깊은 영향을 미치는 핵심 요소입니다. 적절한 보상은 구성원들에게 동기부여를 제공하고, 행동 방향을 설정하며, 협력과 경쟁의 균형을 맞추는 데 기여합니다. 또한, 보상 시스템을 통해 조직은 자신의 가치관과 문화를 구체화하고, 공정성을 기반으로 신뢰와 성과를 동시에 강화할 수 있습니다.

효과적인 보상 시스템의 특징
- 장기적 성과 중시

단기 성과에 대한 보상도 중요하지만 단기 관점에만 집중된 보상은 구성원들을 눈 앞의 이익에만 좇게 만듭니다. 보상 체계를 설계할 때 장기적 목표 달성을 위한 인센티브도 포함하면 도움이 됩니다. 예를 들어, 장기 근속자에게 제공하는 스톡옵션(stock option)이나 성과 연동형 연금(pension) 제도를 도입하여 구성원이 조직에 장기적으로 기여할 수 있도록 유도할 수 있습니다. IT 플랫폼사인 A사는 장기적인 성과를 장려하기 위해 4년 이상의 기간 동안 주식 보상을 분배하는 방식으로 구성원들이 회사를 오랫동안 떠나지 않고 기여하도록 장려합니다. 또한, 일정 기간이 지나면 보상이 증가하는 방식으로 장기적 몰입을 강화하고 있습니다.

- 개인과 팀 성과의 균형

개인 성과만을 강조하면 팀워크가 약해질 수 있습니다. 개인이 이룬 성과가 팀의 성공과 자연스럽게 연결될 수 있는 보상 체계가 있다면 균형이 이루어지겠죠. 팀 단위로 목표를 설정하고 성과를 공유하는 '팀 보너스 제도'를 활용할 수 있습니다. 또한, 팀의 목표 달성을 돕는 개인 기여도를 반영하는 '팀 기여도 평가' 방식을 병행할 수 있습니다. B사는 팀 성과와 개인 기여를 균형 있게 평가하기 위해, 각 팀이 설정한 목표를 달성했을 때 팀 전체가 보상받는 보너스 제도를 운영합니다. 이로 인해 구성원들은 개인 성과와 더불어 팀 전체의 성공에도 집중하게 되며, 자연스럽게 팀워크가 강화됩니다.

- 비금전적 보상 포함

금전적 보상 외에도 인정과 성장의 기회, 유연한 근무 환경과 같은 비금전적 보상을 포함해야 합니다. 금전적 보상은 단기적으로 성과를 이끌어내는 반면, 비금전적 보상은 구성원의 내적 동기와 장기적인 몰입을 촉진합니다. 예를 들어, 학습 기회 제공이나 승진의 기회를 통해 구성원들이 성장할 수 있는 길을 열어줄 수 있고, 유연 근무제를 통해 업무와 삶의 균형을 지킬 수 있도록 도와줄 수 있습니다. 이를 위해 구성원들에게 맞춤형 보상 패키지를 제안할 수도 있습니다. 에어비앤비는 직원들의 라이프스타일에 맞춰 휴가 보너스, 워크숍 참여 기회, 유연 근무제 등을 제공하여 금전적 보상 외에도 다양한 방식으로 직원들의 만족도를 높이고 있습니다. 직원들은 이를 통해 단순한 금전적 성과보다는 개인적 성장을 더욱 중요하게 여기게 됩니다.

- 심리적 보상 설계

보상은 단순히 결과를 평가하는 것이 아니라 구성원의 감정과 심리에 긍정적인 영향을 주는 장치로 설계되어야 합니다. 예를 들어, 보상과 더불어 '공로 인정'이나 '업적 발표' 등의 이벤트를 통해 구성원들이 자신이 기여한 바에 대한 자부심을 느끼도록 하는 것도 심리적 동기 부여에 도움이 됩니다. 스타벅스는 매년 우수한 성과를 거둔 직원들에게 '스타 파트너'라는 타이틀을 부여하며, 이를 통해 직원들이 성과에 대한 자부심을 가질 수 있도록 합니다. 구체적으로 매월 각 매장에서 '고객 서비스', '음료 품질', '청결 관리' 등의 항목에서 뛰어난 모습을 보인 파트너를 1명씩 선발합니다. 선발된 스타 파트너에게는 소정의 상품과 함께 파트너 앞치마에 부착하는 별 모양의 뱃지가 수여됩니다. 이 뱃지를 통해 스타 파트너의 자부심을 고취하는 한편, 고객들에게도 해당 파트너가 우수한 서비스를 제공하고 있음을 알리는 효과가 있죠. 분기별로 스타 파트너를 대상으로 '골드 스타 파트너'를 뽑아 표창하기도 합니다.

이와 같은 심리적 보상은 구성원들이 더 높은 목표에 도전하고, 자신이 조직에 중요한 존재임을 느끼도록 해줍니다. 잘 설계된 보상 시스템은 구성원들의 성취감을 제공하고 더 높은 목표를 향해 도전하게 만듭니다.

보상 시스템은 마치 나침반과도 같아서, 구성원들의 행동을 특정 방향으로 이끌어갑니다. 나침반의 바늘이 숫자만을 가리킨다면 우리는 어느새 인간성을 잃어버리고 말 거예요. 하지만 그 바늘이 사람을 향한다면, 구성원들은 서로를 존중하고 배려하며 조직의 진정한 가치를 만들어갈 수 있을 것입니다. 우리 조직의 보상 시스템은 어떤 방향을 가르키고 있나요?

오징어게임으로 본 인간과 조직 이야기

개인의 유능함과 팀워크

아폴로 신드롬(아폴로 증후군)이란 용어가 있습니다. 매우 뛰어난 능력을 가진 인재들로 구성된 팀이 오히려 기대에 못 미치는 성과를 내는 현상을 일컫는 말입니다[28]. 이 용어는 메러디스 벨빈(Meredith R. Belbin)이라는 연구자가 팀 연구를 진행하면서 처음 사용했는데, 그는 지적 능력이 탁월한 사람들로 이루어진 팀이 협업에서 낮은 성과를 보이는 모습을 관찰하고 이를 '아폴로 신드롬'이라 명명했습니다. 이 말은 아폴로 계획이 엄청난 성공을 거두었음에도 불구하고 팀워크 부족으로 인해 문제가 발생할 수 있다는 우려에서 비롯된 것입니다.

아폴로 신드롬이 나타나는 주된 원인으로는 첫째, 의사결정 과정에서의 갈등입니다. 팀원들이 모두 뛰어난 지적 능력을 갖추고 있어 자신의 의견에 대한 자부심이 강한 경우, 의견 충돌이 잦아지고 합의점을 찾기 어려워집니다. 그 결과 의사결정이 지연되거나 비효율적으로 이루어지게 됩니다.

---

28 https://ko.wikipedia.org/wiki/%EC%95%84%ED%8F%B4%EB%A1%9C_%EC%8B%A0%EB%93%9C%EB%A1%AC

둘째, 아폴로 신드롬에서는 리더십이 부재하거나 약화되는 경향이 있습니다. 팀원 모두가 독립적이고 유능하다 보니 누가 리더 역할을 맡아야 할지 모호해지는 것입니다. 이로 인해 팀 내에서 방향성이 결여되고, 조직적 목표보다는 개인의 성과에만 집중하게 되는 문제가 발생합니다.

셋째, 개별적으로는 우수한 역량을 지닌 구성원들이 팀워크보다는 각자의 성과에 더 치중하는 모습을 보이곤 합니다. 서로 경쟁하려 들거나 협업을 등한시하게 되면, 팀 전체의 시너지 효과는 발휘되기 어려워집니다.

넷째, 모두가 뛰어난 능력을 갖추고 있다 보니 역할 분담이 불분명해지면서 업무가 중복되거나 책임 소재가 불분명해지는 일이 생길 수 있습니다. 이는 곧 생산성 저하나 책임 회피로 이어질 수 있는 위험이 있습니다.

뛰어난 역량을 가진 사람들을 모아놓고 과도한 내부 경쟁을 시킬 경우 더 이기적으로 행동할 가능성이 높아질 수 있습니다. 유사한 능력을 가진 사람들 사이에서는 상향 비교가 일어나기 쉬운데, 이는 경쟁심과 시기심으로 이어질 수 있습니다 (Buunk & Gibbons, 2007)[29]. 그 이유는 여러 가지 심리적, 조직적 요인과 관련이 있습니다.

뛰어난 역량을 가진 사람들은 자신에 대한 높은 기대와 함께 능력에 대한 자부심을 가지고 있습니다. 그들은 자신의 성과를 입증하려는 강한 욕구를 가지고 있죠. 하지만 과도한 내부 경쟁이 있는 환경에서는 타인과의 비교로 인해 더 큰 압박감을 느끼게 됩니다. 경쟁이 심화된 조직에서는 성과가 개인의 가치를 평가하는 잣대가 되기 때문에, 구성원들의 자기 보호 본능이 강해지게 마련입니다. 누구나 성공을 위해 이기적인 선택을 할 수 있지만, 업무 역량이 뛰어난 사람들은 협력보다는 독자적인 문제 해결 방식을 선호하거나 개인의 목표에 더 집중하는 경향이 있습니다. 성과는 곧 승진과 보상으로 직결되기에, 자신의 목표 달성을 위해 타인을 배제하거나 경쟁자를 제치려는 이기적 행동이 더욱 강화될 수 있습니다. 조직 문화 속에서 과도한 경쟁은 구성원 간의 협력과 조화를 해치고, 조직의 장기적인 발전을 저해할 수 있는 요인이 될 수

29 Buunk, A. P., & Gibbons, F. X. (2007). Social comparison: The end of a theory and the emergence of a field. Organizational Behavior and Human Decision Processes, 102(1), 3-21

있습니다.

그렇다면 이러한 아폴로 신드롬을 극복하기 위해서는 어떻게 해야 할까요?

우선 팀 내에서 리더십을 명확히 부여하는 것이 중요합니다. 유능한 인재들이 모인 팀에서는 기존의 지시와 통제 중심의 리더십에서 벗어나, 조율자로서의 역할이 강조되어야 합니다. 각자의 전문성과 경험을 바탕으로 자율적으로 일하려는 성향이 강한 팀원들을 이끌기 위해서는 리더가 개개인의 의견에 귀 기울이고, 그 의견들을 효과적으로 조합하여 팀의 목표와 방향을 조율하는 능력이 필수적입니다. 이를 위해 리더는 협업의 촉진자로서 팀원 간의 소통과 상호작용을 원활히 하도록 지원해야 합니다. 유능한 인재들이 심리적 안전감을 느끼고 자유롭게 의견을 나눌 수 있는 환경을 조성함으로써, 서로의 역량을 인정하고 협력의 시너지를 극대화할 수 있습니다. 또한, 비전 제시자로서 리더는 팀의 궁극적인 목표를 명확히 설정하고, 각 팀원이 그 목표 안에서 자신의 역할을 이해하고 동기부여될 수 있도록 이끌어야 합니다. 이때 비전은 리더 개인의 생각이 아닌, 팀 전체의 합의로 이루어져야 합니다. 마지막으로, 리더는 지원자로서 유능한 인재들이 지속적으로 성장할 수 있는 기회를 제공해야 합니다. 성과에 대한 압박보다는 각 팀원의 강점을 파악하고, 그들에게 필요한 자원과 기회를 제공하여 스스로 발전해 나갈 수 있도록 맞춤형 성장 지원을 해야 합니다. 결국, 유능한 인재들로 구성된 팀에서의 리더십은 조율, 비전 제시, 그리고 지원에 초점을 맞춘 유연하고 포용적인 형태여야 합니다. 이러한 리더십을 통해 팀원 개개인의 역량이 최대한 발휘되고, 조직의 목표와 일치하여 궁극적인 성과로 이어질 수 있을 것입니다.

벨빈은 팀 내에 다양한 성격과 역할을 가진 사람들을 적절히 배치하는 것이 효과적이라고 강조했습니다. 각기 다른 강점을 지닌 사람들이 모여 협업할 때 시너지 효과를 극대화할 수 있다는 것입니다. 실제로 아폴로 우주 프로그램에 참여했던 우주비행사들은 모두 최고의 엘리트들이었지만, 초기에는 팀워크 부족으로 많은 어려움을 겪었다고 합니다. 그러나 지속적인 팀 훈련과 역할 분담을 통해 결국 성공적인 협업을 이뤄낼 수 있었습니다. 포용적 리더십이 더욱 강조되는 지점입니다.

아폴로 신드롬은 유능한 인재들로 구성된 팀이라고 해서

항상 높은 성과를 보장하는 것은 아니라는 교훈을 줍니다. 팀워크에서는 개인의 유능함에 헌신이 보태질 때 성과를 낼 수 있습니다. 개인의 역량이 팀에 기여하는 기술적 기반이라면, 헌신은 그 역량을 팀의 목표에 맞추어 적극적으로 사용하려는 의지를 의미합니다. 헌신과 희생은 다릅니다. 헌신은 긍정적인 방향의 기여와 참여를 뜻하고, 스스로 만족을 느끼며 자발적으로 이루어지는 행동인 반면, 희생은 자신을 무리하게 포기하는 측면이 있어 부정적인 감정을 수반할 수 있습니다. 조직에서 건강한 팀워크를 이루기 위해서는 헌신이 요구되며, 특히 유능한 인재의 헌신이 있다면 더욱 강해질 수 있습니다.

배신과 협력의 역학

게임을 치르는 동안 오징어 게임 참가자들은 선택할 수 있었습니다. 하나는 배신, 다른 하나는 협력. 이 두 가지 상반된 행동은 조직에서도 자주 일어납니다. 배신은 단기적으로 이익을 줄 수 있지만, 결국 신뢰를 무너뜨리고 조직의 지속적인 성장을 방해합니다. 반대로 협력은 어려운 상황을 극복하고, 장기적인 성공을 이끄는 힘이 됩니다.

오징어 게임 속에서 가장 인상적인 게임 중 하나는 구슬 게임입니다. 이 게임은 단순한 구슬을 주고받는 것처럼 보이지만, 그 이면에는 감정적인 배신과 심리적 압박이 숨어 있습니다. 구슬 게임에서는 작은 승리가 곧 상대방의 패배를 의미했고, 그 과정에서 드러나는 인간의 감정은 복잡했습니다. 마찬가지로, 회사에서의 작은 승리나 패배는 우리에게 큰 감정적 영향을 미칩니다. 우리는 작은 승리와 패배가 주는 감정적 파장을 이해할 필요가 있습니다.

작은 승리는 종종 자신감을 불러오지만, 그 반대의 경우 작은 패배는 좌절과 불안을 남깁니다. 기대했던 보상을 받지 못하거나 간절히 바라던 프로젝트 리더로 뽑히지 못하면 아무리 덤덤하려 애써도 마음이 쓰린 것이 정상적인 인간입니다. 정도에 따라 이 때 느끼는 감정적 충격은 그보다 더 큰 경쟁에서의 패배보다도 깊이 다가올 수 있습니다. 기대한 만큼 더 큰 실망감을 느끼니까요.

인간이라면 누구나, 직장에서의 작은 성과나 실패에 감정적 영향을 받습니다. 이러한 작은 승리와 패배는 팀 내의 관계에도 영향을 미칩니다. 승리한 사람은 리더나 동료들로부터 더 많은 인정을 받고, 이는 자존감을 높여주지만, 패배한 사람은 자신감을 잃고, 불안감이 증폭될 수 있습니다. 작은 패배가 누적되면 결국 조직 내에서 소외감을 느끼거나 탈진으로 이어질 수 있습니다. 이는 팀 전체의 생산성에도 부정적인 영향을 미칠 수 있습니다.

오징어 게임에서 상우가 알리를 배신하는 장면은 신뢰가 한순간에 무너질 수 있음을 극적으로 보여줍니다. 그러나 단기적인 이익을 위해 동료나 파트너를 배신하는 행위는 일시적으로는 이득을 가져다 줄지 모르지만, 장기적으로는 훨씬 큰 손실을 초래하게 됩니다. 그것을 지켜보는 다른 동료들이 있고, 배신을 통해 얻어낸 성과의 맛을 보면 계속해서 스스로도 그 행위를 반복할 수 있기 때문입니다. 즉, 자기 파멸의 길을 걷는 겁니다. 타인으로부터 얻는 신뢰, 자신 스스로에 대한 신뢰의 가치를 상실하는 것이죠.

한번 무너진 신뢰를 회복하기란 결코 쉽지 않습니다. 오랜 시간과 노력을 들여야 할 뿐만 아니라, 때로는 완전한 회복이 불가능한 경우도 있습니다. 더욱이 배신은 당사자들 간의 관계뿐 아니라 조직 전체의 분위기를 해치고 성과에도 부정적인 영향을 미치게 마련입니다. 서로를 이기기 위해 수단과 방법을 가리지 않고 싸우는 동안, 비즈니스의 본질은 점점 퇴색됩니다. 불신과 적대감이 조직을 지배하면, 협력과 신뢰는 사라지고, 팀원들은 자신의 안전과 이익을 보호하는 데에 몰두합니다. 이 때문에 장기적으로 조직의 성과는 저하되고, 핵심적인 목표는 흐려지며, 조직 전체가 혼란에 빠질 위험이 커집니다. 배신이 초래하는 문제는 단지 한 사람의 윤리적 일탈로 끝나는 것이 아니라, 조직 전반에 걸쳐 신뢰가 무너지고, 공통의 목표가 사라지는 결과를 낳습니다. 더욱이 누군가가 배신을 통해 개인적인 이득을 취하는 상황이 생겼을 때 조직이 이를 방관하거나 묵인한다면, 조직 내 크고 작은 배신은 더욱 극단적으로 치닫힐 수 있습니다.

반면 오징어 게임의 줄다리기 장면에서 드러나듯, 협력은 개개인의 한계를 뛰어넘는 힘을 만들어냅니다. 혼자서는 해결하기 어려운 문제도 함께 지혜를 모으면 해법을 찾을 수 있습니다. 서로의 강점을 인정하고 부족한 부분을 보완해주며 공동의 목표를 향해 전진할 때, 우리는 더 큰 도전에 맞설 수 있는 용기를 얻게 됩니다.

인간이 모인 곳에서 갈등은 항상 존재합니다. 갈등(葛藤)의 한자 어원은 칡 갈(葛)+ 등나무 등(藤)입니다. 각각 강한 덩굴성 식물이 자라면서 서로 얽히고 설켜 쉽게 풀리지 않게 되는 모습을 상징합니다. 즉, 갈등은 두 가지 이상의 요소가 얽히고 대립하여 갈피를 잡기 어려운 상태를 의미합니다. 조직 안에는 아무리 공동의 목표가 있어도 서로 다른 관점이나 이익이 부딪혀 혼란과 충돌이 지속됩니다.

갈등 상황에서 가장 쉽고 빠른 선택은 배신입니다. 상대방과 타협하고 조율하는 데 많은 노력과 시간이 필요하다고 느껴질 때, 배신은 상대적으로 쉽고 빠른 해법처럼 보일 수 있습니다. 누군가를 직접적으로 해하는 행위만이 배신이 아닙니다. 조직 내에서 협력해야 할 대상을 음해하거나 방치하거나 자신의 책임을 다하지 않는 것 역시 넓은 의미에서의 배신입니다. 자신에게 주어진 업무를 충실히 수행하지 않으면 팀워크를 해치고 조직의 성과를 깎아 내리니 일종의 배신 행위라고 볼 수 있는 것이죠.

이처럼 배신은 다양한 형태로 나타날 수 있고, 그 폐해는 생각보다 더 크고 깊습니다. 일시적 이익을 좇아 책임을 회피하고 상대를 폄하하는 행동은 조직 내 신뢰의 토대를 무너뜨리고, 구성원들의 사기를 떨어뜨립니다. 나아가 조직 전체의 분열을 초래하고 건강한 성장을 가로막는 걸림돌이 됩니다.

조직 내 갈등은 피할 수 없는 현실입니다. 그러니, 그 현실에 대한 해법을 배신이 아닌 협력에서 찾을 수 있는 문화를 조성해야 합니다. 그래야 비로소 건강한 성장이 가능해지니까요. 협력의 가치를 최우선으로 하는 조직문화를 만들기 위해서는 무엇보다 '우리'라는 공동체 의식을 강화하는 것이 중요합니다. 개인의 성과보다는 팀의 성과에 더 큰 가치를 부여하고, 그 과정에서 모든 구성원의 기여를 인정하며 서로를 격려하는 장치들이 필요합니다.

첫째, 평가와 보상의 기준을 개인의 성과에서 팀의 성과로 전환할 필요가 있습니다. 개인의 능력과 업적도 중요하지만, 그것이 팀의 목표 달성에 얼마나 기여했는지를 더욱 중시해야 합니다. 개개인의 역량이 발휘되는 것은 좋지만, 그것이 팀 전체의 시너지로 이어질 때 비로소 진정한 가치를 지니게 됩니다. 따라서 성과에 대한 평가와 보상은 개인보다는 팀 단위로 이루어지는 것이 바람직하며, 이를 통해 구성원들이 협력의 중요성을 자연스럽게 체득할 수 있습니다.

둘째, 성공의 순간을 함께 만끽하고 서로의 공을 인정하며 축하하는 문화를 만들어가야 합니다. 어떤 성공이든 그 이면에는 수많은 사람들의 노력과 헌신이 있기 마련입니다. 그들의 기여를 잊지 않고 기억하며, 기꺼이 칭찬과 감사를 표하는 것은 매우 중요합니다. 설령 자신이 직접 관여하지 않은 영역의 성과라 할지라도, 그것이 우리 조직의 성공으로 이어졌다는 사실을 기쁜 마음으로 함께 나누어야 합니다. 이러한 태도야말로 조직을 하나로 묶어주는 강력한 접착제가 될 것입니다.

　주기적인 칭찬사례 공유나 부서 별로 우리를 도와준 서포터 부서 및 동료에 대한 선물을 전달할 수 있습니다. 별도의 시너지 추진부서가 있다면 각각의 부서의 주요 장점과 기술을 전사에 공유하여 문제가 발생되었을 때 어떤 부서들이 서로 협력할 수 있을지 제안하고 매칭시켜 줄 수 있습니다. 그렇게 이뤄낸 성과 결과는 참여한 모든 부서의 공으로 돌아가고, 그 과정에서 어떠한 협력의 가치가 발현되었는지 구체적인 스토리를 전사에 공유하며 문화를 조성해나갈 수 있습니다.

　셋째, 함께 이루어낸 성공에는 더 큰 의미가 있음을 끊임없이 되새기고 공유하는 노력이 필요합니다. 개인의 성취도 값진 것이지만, 혼자의 힘으로는 결코 이룰 수 없는 일들이 있습니다. 서로 다른 역량과 아이디어를 지닌 사람들이 한 마음한 뜻으로 힘을 모을 때, 우리는 불가능할 것만 같았던 목표에 도달할 수 있습니다. 이러한 협력의 소중함과 가치를 조직 구성원 모두가 깊이 공감할 수 있도록, 끊임없는 소통과 공감의 노력이 뒷받침되어야 할 것입니다. 전 GE회장인 잭 웰치(Jack Welch)는 "열 번 말하지 않은 것은 한 번도 말하지 않은 것과 같다"고 말했습니다. 1천명의 직원을 통솔할 경우 1천명 각 개인과 만나 대화하고 설득할 각오가 되어 있어야만 한다는 것이죠. 다행히 지금은 사내 커뮤니케이션 채널이나 디지털 공유 플랫폼이 잘 되어 있어서 바쁜 CEO가 직원을 일일이 대면으로 만나 설득하지 않아도 되는 환경입니다. 월 1회 타운홀 미팅, 스토리 텔링의 CEO레터, 월간 디지털 사보 등을 통해 협력의 가치를 귀에 못이 박히게 알려주세요. 협력보다는 배신이 더 쉬운 방법이기에 지겹도록 안내해도 협력의 가치가 보존되기 어렵습니다. 그러니 반복해서 알려주세요.

물론 이러한 변화는 하루아침에 이루어질 수 없습니다. 오랜 시간 굳어진 조직의 관성을 바꾸는 일은 결코 쉽지 않은 과제입니다. 그러나 변화의 첫걸음은 작은 실천에서부터 시작됩니다. 리더부터 솔선수범하여 협력의 가치를 몸소 실천하고, 구성원들의 마음을 진심으로 이해하고자 노력할 때, 우리는 조금씩 변화의 물꼬를 틀 수 있을 것입니다.

'따로 또 같이'의 지혜처럼, 우리는 각자의 개성과 역량을 뜨겁게 불태우되 언제나 함께 나아갈 길을 모색해야 합니다. 경쟁 속에서도 협력을, 갈등 속에서도 화합을 잃지 않는 것, 그것이 건강하고 지속가능한 조직을 만드는 핵심 열쇠가 될 것입니다.

위기일수록 공정과 소통

오징어 게임의 참가자들이 가장 두려워했던 것은 '불확실성'이었습니다. 불확실성 속에서 인간은 다양한 감정을 경험하게 되는데요, 특히 앞으로 닥칠 일을 예측할 수 없는 상황 속에서 우리는 막연한 두려움과 불안에 휩싸이게 됩니다. 통제할 수 없는 미래에 대한 걱정이 마음을 옥죄고, 자신의 선택이 가져올 결과에 대한 불확신이 뇌리를 맴돕니다.

우리가 살아가는 이 시대는 어느 때보다 변화의 속도가 빠르고 예측하기 어려운 시기입니다. 기술의 발전, 사회 구조의 변화, 글로벌 경제의 흐름 등 수많은 요인들이 복잡하게 얽혀 있어 조직을 둘러싼 경영환경은 더욱 불확실해지고 있습니다. 이는 기업뿐 아니라 모든 형태의 조직에 큰 도전으로 다가오고 있는데요. 마치 안개 속을 헤매듯 앞을 내다보기 어려운 상황 속에서, 많은 조직들이 당혹감을 느끼고 있습니다. 그동안 통했던 전략과 방식이 더 이상 유효하지 않게 되었고, 새로운 변화에 대응하기 위해서는 전혀 다른 접근이 필요해졌기 때문입니다. 이러한 불확실성은 조직 구성원들에게도 큰 영향을 미치고 있습니다.

미래에 대한 불안감이 높아지면 조직에 대한 충성도와 업무에 대한 몰입도가 약해지는 경향이 생깁니다. 변화의 소용돌이 속에서 자신의 역할과 가치가 흔들리는 느낌을 받는 이들도 적지 않습니다. 우수한 인재들의 이탈로 인해 조직의 경쟁력이 약화되는 결과를 초래하기도 합니다.

이런 상황 속에서 리더들 역시 뾰족한 해답을 가지고 있기란 쉽지 않습니다. 불확실성이 가져오는 두려움과 막연함은 구성원들만 느끼는 것이 아니라 리더들 역시 마찬가지로 느끼고 있기 때문입니다. 그들 또한 앞날을 예측하기 어려운 상황에서 조직을 이끌어야 한다는 부담감을 안고 있습니다. 여기에 구성원들에게 나아갈 방향을 제시해야 한다는 막중한 책임감까지 더해져 요즘 시대에 '리더'하기가 어느 때보다 힘든 상황입니다. 오죽하면 "팀장 반납" 사태까지 벌어질까요.

그럼에도, 비록 확신이 없더라도 조직이 나아가야 할 길을 고민하고, 그 길을 향해 구성원들을 독려해야 하는 것이 리더의 역할입니다. 역설적이게도 이러한 불확실성의 시대야말로 조직문화가 더욱 중요해지고 진정한 리더십이 발휘될 수 있는 기회입니다. 외부 환경이 급변하고 예측 불가능할수록, 구성원들이 하나로 뭉칠 수 있는 내적 힘이 절실히 요구됩니다.

이러한 상황에서 조직의 내적 역량을 강화하는 핵심 키워드는 공정성과 공감력입니다

'공정'은 모두에게 동일한 규칙과 기회를 제공하는 것입니다. 공정(Justice)과 공평(Equity)은 비슷해 보이지만 다른 개념입니다. 공평은 각자의 상황과 필요를 고려하여 적절한 자원과 지원을 제공하는 것을 의미합니다. 공정은 명확한 기준과 투명한 절차를 통해 구성원이 불이익을 받지 않도록 하

오징어게임으로 본 인간과 조직 이야기

는 것을 목표로 합니다. 규칙과 절차에 대한 신뢰를 바탕으로 구성원들에게 안정감을 주는 역할을 담당하죠. 불확실한 상황에서는 누구나 불안함과 막연함을 가지고 있기 때문에 공정성이 있다면 그래도 조직에 대한 믿음과 안정감이 생겨납니다.

공정성은 크게 세 가지 차원에서 살펴볼 수 있습니다. 2부 〈공정성-분노〉에서 다룬 내용보다 좀 더 확장에서 살펴보겠습니다. 첫째는 '분배적 공정성'으로, 성과에 따른 보상이 얼마나 공평하게 이루어지는가를 의미합니다. 자신의 기여와 능력에 걸맞은 대우를 받는다고 느낄 때 구성원들은 조직에 대한 신뢰를 가지게 됩니다.

둘째는 '절차적 공정성'입니다. 의사결정의 과정이 얼마나 투명하고 합리적으로 이루어지는지가 중요한 요소가 됩니다. 의사결정의 기준과 근거가 명확하고, 그 과정에서 구성원들의 의견이 충분히 반영될 때 절차적 공정성이 확보될 수 있습니다.

셋째는 '상호작용적 공정성'으로, 의사결정 과정에서 구성원들이 얼마나 존중받고 있는지를 나타냅니다. 상사와 동료들로부터 인격적인 대우를 받고, 필요한 정보를 충분히 제공받을 때 구성원들은 공정성을 느끼게 됩니다.

이러한 공정성을 확보하기 위해서는 무엇보다 투명하고 일관된 기준 마련이 필요합니다. 성과 평가, 보상, 승진 등에 있어 명확하고 공정한 기준을 세우고 이를 일관되게 적용하는 것이 중요합니다. 애매모호한 기준이나 자의적 해석은 오해와 불신을 초래하기 쉽기 때문입니다.

공정성이 있으면 리더도 결단력이 생깁니다. 책임지는 용기가 생기는 것이죠. "이 결정이 옳은지는 시간이 지나봐야 할 수 있습니다. 그러나 지금 이 순간, 우리에게 가장 필요한 결정이라고 믿습니다" 이런 태도는 구성원들에게 리더에 대한 신뢰와 조직에 대한 안정감을 줍니다. 완벽한 리더를 원하는 것이 아닙니다. 공정한 기준과 충분한 설명, 납득시키려는 노력이 구성원들이 원하는 리더입니다.

또 하나, 공감력이 필요합니다.

공감력은 단순히 다른 사람의 말을 듣는 것을 넘어, 상대방이 겪고 있는 감정이나 상황을 마음으로 함께 느끼고 이해하는 능력을 의미합니다. 공감력은 두 가지 주요 요소로 나눌 수 있는데요, 인지적 공감과 감정적 공감이 그것입니다.

먼저 인지적 공감은 상대방의 입장에서 생각하고 이해하려 노력하는 것을 말합니다. 상대의 관점에서 상황을 바라보고, 그들의 생각과 동기를 파악하는 데 초점을 둡니다. 인지적 공감은 마치 상대의 입장이 되어 문제를 바라보는 것과 같습니다. 이를 통해 우리는 상대방의 행동과 선택의 이유를 더 잘 이해할 수 있습니다. 이러한 인지적 공감은 구성원들 간의 오해와 갈등을 줄이는 데 도움이 됩니다. 상대방의 관점에서 생각해봄으로써 그들의 입장을 이해하고, 더 나은 소통과 협력의 기반을 마련할 수 있기 때문입니다. 특히 다양한 배경과 가치관을 가진 구성원들이 모인 조직일수록 인지적 공감의 중요성은 더욱 커집니다.

반면 감정적 공감은 상대방의 감정을 함께 느끼고 소통하는 것을 의미합니다. 단순히 상황을 이해하는 데 그치는 것이 아니라, 상대가 느끼는 기쁨, 슬픔, 불안, 두려움 등의 감정에 깊이 공명하는 것이 핵심입니다. 감정적 공감을 통해 우리는 상대방과 정서적으로 깊이 연결되고, 그들의 고민에 진심으로 공감할 수 있게 됩니다.

조직에서 감정적 공감은 구성원들 간의 유대감을 강화하고, 서로에 대한 신뢰를 높이는 데 기여합니다. 기쁨과 어려움을 함께 나누고 공감하는 경험은 서로를 연결하는 끈끈한 힘이 됩니다. 이러한 경험은 구성원들이 심리적 안정감을 높이고 소속감을 가질 수 있도록 돕습니다.

인지적 공감과 감정적 공감은 상호보완적인 관계에 있습니다. 인지적으로 상대방의 입장을 이해하는 것은 감정적 공감의 토대가 되고, 감정적으로 깊이 공감하는 경험은 상대방에 대한 이해의 폭을 더욱 넓혀줍니다. 두 가지 공감 능력을 모두 갖추는 것, 그것이 진정한 공감의 완성이라 할 수 있습니다.

불확실성의 시대를 헤쳐나가는 조직 속에서 공정과 공감의 힘은 더욱 소중합니다. 현재의 경영환경은 잘 닦인 고속도로 같지 않습니다. 우리가 마주하는 현실은 정답이 없고 불확실성으로 가득 차 있죠. 길이 명확할 때는 효율성과 속도가 중요할 수 있습니다. 그러나 대부분의 조직 현실은 예측 불가능한 변화와 도전 속에 있습니다. 불확실성 속에서 우리에게 안정감을 주는 것은 바로 공정한 규칙과 절차입니다. 투명하고 공정한 기준이 있을 때, 우리는 불안한 상황에서도 조직과 사회를 믿고 의지할 수 있습니다. 또한, 서로의 다른 처지와 감정을 공감하는 것은 우리가 힘을 모아 함께 걸어갈 수 있게 해줍니다. 각자의 상황에 맞는 지원과 배려가 있을 때, 비로소 우리는 불확실한 길도 용기 있게 나아갈 수 있습니다.

조직은 계속해서 불확실 할겁니다. 세상 자체가 불확실하니까요.

중요한 것은 이러한 불확실성의 순간에 조직이 어떻게 대응하느냐 입니다. 구성원들의 불안과 걱정에 귀 기울이고, 수시로 공정성과 공감력으로 소통하며 신뢰를 쌓는 노력이 무엇보다 필요합니다. 혼란스러운 와중에도 서로를 믿고 협력하며 함께 헤쳐나가는 자세를 잃지 않는 것, 그것이 불확실성을 극복하는 지혜일 것입니다. 완벽한 해답은 없을지라도, 서로 믿고 격려하며 한 걸음씩 방법을 찾아 나아가는 과정 자체가 의미 있는 도전이 될 수 있습니다.

지금, 우리가 마주한 불확실성의 순간에 공정과 공감의 빛을 밝히는 일. 이것이 바로 우리가 나아가야 할 길을 환히 비추는 등불이 될 것입니다.

개개인의 가치존중과 스스로 성장

"당신은 이제 456번입니다."

456명의 참가자. 그들 각자의 삶과 꿈, 그리고 고유한 가치가 단 하나의 숫자로 축소되는 순간입니다. 참가자들은 그때부터 단순한 번호로 취급되었습니다. 한 인간의 모든 것이 지워집니다. 그의 이름, 그의 역사, 그의 존엄성까지도. 그러나 우리는 알고 있습니다. 각 참가자가 그곳에 오기까지의 사연을, 그들이 품고 있는 꿈을, 그리고 그들 각자가 가진 고유한 가치를. 현실의 조직에서도 이와 비슷한 일이 일어나고 있지는 않을까요? 직원 번호, 부서 코드, 실적 수치. 우리는 때때로 이런 숫자들로 사람을 판단하고 평가하지 않나요?

조직 안에서 숫자로 사람을 판단하고 평가하는 현상의 뿌리는 100년도 더 전으로 거슬러 올라갑니다. 20세기 초 프레드릭 테일러가 주장한 '과학적 관리법'은 산업혁명 시기에 등장한 경영 이론입니다. 그는 과학적 관리법을 통해 노동의 효율성을 극대화하고자 했죠. 테일러리즘은 노동자를 마치 기계처럼 보고, 이들의 최대한의 생산성을 끌어올리는 데 분석하고 집중했습니다. 생산성, 효율성, 성과 지표와 같이 사람을 '숫자'로 바라보게 만드는 지표를 만들어냅니다[30].

　테일러리즘이 조직의 효율성을 높인 건 인정할 부분입니다. 그러나 시대가 달라졌고 세대가 달라졌습니다. 인간의 존엄성과 개개인의 존중이 강조되는 시대에 인간을 부품 또는 기계처럼 다루는 시각은 문제가 있습니다. 한 개인의 성과를 판단할 때 그들이 받는 스트레스나 성장 가능성은 고려하지 않고, 그저 달성한 숫자만 보는 건 결국 사람을 소외시키고 마음의 건강까지 해치게 됩니다. 조직에서의 경험은 개인의 삶의 질로 연결되고, 한 개인을 둘러싼 공동체와 그 공동체의 합인 사회의 문화에까지 영향을 미치게 됩니다[31][32].

　'얼마나 많이' 일했느냐보다는, '어떤 가치'를 만들었는지에 주목하는 시대입니다.

---

30 Nelson, D. (1980). Frederick W. Taylor and the rise of scientific management. University of Wisconsin Press.

31 Smith, M. R. (2002). The science of work: The influence of Taylorism on worker relations. Labor History, 43(1), 25-43. https://doi.org/10.1080/00236560220123352

32 Braverman, H. (1974). Labor and monopoly capital: The degradation of work in the twentieth century. Monthly Review Press.

제4부 위기 속에 빛나는 인간중심 경영

진정으로 성공하는 조직, 지속 가능한 성장을 이루는 조직은 구성원 개개인의 가치를 존중합니다. 그들은 알고 있습니다. 조직의 진정한 힘은 다양성에서 나온다는 것을. 각자가 가진 고유한 재능과 관점이 모여 시너지를 낼 때, 비로소 조직은 경쟁에서 이길 수 있다는 것을. 이제 조직은 그 구성원들이 가진 잠재력과 창의성을 충분히 발휘할 수 있도록, 단순한 성과 지표를 넘어서 그들이 느끼는 의미와 가치를 존중하는 문화를 만들어야 합니다.

그렇다면 어떻게 해야 구성원 개개인의 가치를 존중하는 조직을 만들 수 있을까요?

개인의 고유성을 인정하라.

정기적인 '구성원 스토리' 공유 세션을 도입하는 것도 효과적입니다. 구성원들이 자신의 배경, 경험, 그리고 가치관을 자유롭게 나눌 수 있는 기회를 제공하여, 이를 통해 조직 내 신뢰와 소통을 강화할 수 있죠. 매월 또는 분기별로 이루어지는 이 세션에서는 개인의 성장 과정, 극복한 어려움, 취미, 그리고 조직에서의 다양한 경험을 나눌 수 있도록 돕습니다. 세션 후에는 동료들 간의 상호 피드백과 질의응답 시간을 마련해 서로의 차이점과 공통점을 깊이 이해할 수 있습니다.

리더는 이 과정에 적극적으로 참여해 자신의 이야기를 먼저 공유할 수 있습니다. 이러한 모습은 개방적이고 포용적인 조직문화의 촉진을 돕습니다. 반드시 별도의 시간을 마련할 필요는 없습니다. 직원 디렉토리 시스템에 구성원 스토리 공유 세션을 연계하면 더욱 효과적으로 활용할 수 있습니다. 직원 디렉토리는 조직 내 모든 직원의 기본 정보를 체계적으로 정리한 도구로, 주로 이름, 직책, 부서, 연락처 정보 등을 제공하지만, 여기에 개인의 고유한 스토리를 추가하면 직원 간의 이해와 소통을 더욱 촉진할 수 있는 것이죠. 예를 들어, 직원 디렉토리의 각 프로필에 구성원이 경험한 주요 사건, 커리어 성장 배경, 직무와 관련된 에피소드 등을 함께 기재하는 방식입니다. 이렇게 하면 직원들이 단순히 서로의 역할을 아는 것을 넘어서, 각자의 고유한 이야기와 경험을 바탕으로 한 연결이 가능해집니다.

만약 최소한의 정보만 넣고 싶다면 각 구성원의 강점 또는 보유한 기술을 포함하는 것을 추천합니다. 각 직원의 강점과 핵심 기술을 디렉토리에 기록함으로써 조직 내 협업과 역량

활용을 이끌어낼 수 있기 때문이죠. 예를 들어, 각 직원 프로필에 그들의 전문 분야나 기술 역량뿐만 아니라, 업무와 관련된 성과나 강점을 간단히 소개하는 항목을 추가한다면 동료들이 특정 문제를 해결하거나 프로젝트를 진행할 때, 해당 분야의 전문가를 쉽게 찾을 수 있습니다. 제조업체 B사는 직원 디렉토리에 주요 강점과 기술을 표시하여 특정 프로젝트에 적합한 인재를 빠르게 찾을 수 있도록 하고, 이 정보가 팀 간 협업을 더 원활하게 만드는 데 크게 기여한 바 있습니다. 이처럼, 다양한 방식의 구성원 스토리 공유 세션을 통해 개인의 고유한 강점이 조직 내에서 더욱 빛날 수 있는 기회를 제공하고, 나아가 조직 전체의 역량이 더 효율적으로 강화할 수 있습니다.

개인의 성장을 지원하라

오징어 게임에서 참가자들은 생존을 위해 자신의 숨겨진 능력을 발휘합니다. 평범한 사람들이지만 인간이기에 각자의 잠재력을 가지고 있고, 극한의 상황이 되자 자신만의 재능을 보여주기 시작하죠. 우리 모두에게는 하나 이상의 빛나는 강점과 재능이 무조건 있습니다. 그것을 발견하는 순간, 우리는 비로소 진정한 자신의 모습을 만나게 됩니다.

하지만 때로는 스스로도 그 빛을 알아채지 못할 때가 있습니다. 바로 그럴 때 나를 둘러싼 환경과 사람이 중요합니다. 나도 모르는 내 안의 숨겨진 보석을 발견해주고, 그 빛을 더욱 밝게 해주는 든든한 조력자가 있다면 그것이야말로 인생의 큰 복이자 행운이 아닐까요?

저 역시 이런 행운을 경험했습니다. 워킹맘으로 박사학위에 도전하던 힘겨웠던 시간, 포기하지 않고 완주할 수 있었던 이유는 강점과 재능을 알아봐주시고 일깨워 주신 지도교수님이 있었기 때문입니다. 스스로도 이걸 할 수 있을지 의심스러웠던 순간마다 교수님은 제자의 잠재력을 알아봐주고 믿어 주고 이끌어 주셨습니다.

생각해보세요. 하루에 가장 오랜 시간을 보내는 곳에서 자신의 강점과 재능을 마음껏 발휘할 수 있다면 어떨까요? 나의 강점과 재능을 알아봐주는 사람이 있다면 그건 얼마나 행복한 삶일까요. 우리의 삶은 스스로 보유한 내적 보석을 꺼내어 사용할 때 더 빛나고 행복해집니다.

그러니 우리의 일터는 일만 하는 곳만 되어서는 안됩니다.

일로 만난 사이이지만 서로의 강점과 성장을 무시하면 일도 잘 안되고, 개인도 행복해지기가 어렵습니다. 조직은 구성원들의 잠재력을 믿고 그들의 성장을 지원해야 합니다. 개인의 성장이 곧 조직의 성장으로 이어지기 때문이죠.

 개인별 맞춤형 성장 계획을 수립하고 지원하는 것은 직원들의 개별적 가치를 존중하고, 그들의 잠재력을 최대한 발휘할 수 있도록 돕는 핵심 전략입니다. 모든 직원이 동일한 방식으로 성장할 수 없기 때문에, 각 개인의 강점과 관심사를 반영한 맞춤형 접근이 필요합니다. 이를 위해 필요한 것이 1:1(원온원) 미팅을 활용해보실 수 있습니다.

 1:1(원온원) 미팅은 개인의 경력 목표를 파악하고, 맞춤형 교육과 코칭을 제공하며, 실무 적용 기회를 마련해 학습된 지식이 실제 업무에 적용될 수 있도록 돕습니다. 정기적이고 지속적인 상호 피드백과 대화를 통해 성장 계획을 지속적으로 조정하고, 필요시 외부 멘토링과 같은 추가적인 지원을 제공해 더 폭넓은 성장을 촉진할 수 있습니다.

 예를 들어, 데이터 분석에 강점을 가진 직원에게는 관련 교육을 지원하고, 이를 실무에 적용할 기회를 주어 성장할 수 있는 환경을 조성하는 식이죠. 국내 중견기업 C사는 원온원 미팅을 맞춤형 성장 계획지원의 도구로 활용하여, 직원들이 개인의 필요와 목표에 맞는 교육과 실무 경험을 얻을 수 있도록 지원했습니다. 결과적으로 직무 만족도 향상과 이직률 감소로 이어지는 긍정적인 효과를 거두었죠.

물론 원온원 미팅은 그 자체로 쉽지 않은 도구입니다. 구성원 간의 대화가 더욱 의미 있고 생산적으로 이루어지려면 먼저 커뮤니케이션 스킬 교육이 선행되어야 합니다. 이직률을 낮추기 위해 도입한 원온원 제도로 오히려 이직률이 높아지는 경우도 있습니다. 대화가 안 통하고 지적이나 질책, 훈계만 듣거나 상대방이 말을 안 해서 답답한 마음이 드는 부정적 경험의 장이 되어버리는 것이죠. 그러니 경청과 공감, 피드백을 주고받는 능력은 원온원 미팅의 성공을 좌우하는 핵심 요소입니다. 여기서 강조드리고 싶은 것은, 부작용이 있음에도 불구하고 원온원은 개인의 성장을 지원하는 가장 강력한 도구 중 하나라는 점입니다. 직원 개개인의 목표를 명확히 하고 그들의 잠재력을 이끌어내는 역할을 할 수 있습니다. 업무 환경 속에서 직원들은 자신의 성장과 발전을 체감하며, 개인 성장이 조직의 성과로 이어지는 선순환 구조 속에서 구성원이 자신의 성장과 발전을 체감할 수 있도록 만드는 노력을 게을리 해서는 안될 것입니다.

스스로 성장 시스템

최근에는 조직에서 '스스로 성장하는 자기강화 시스템'을 만드는 것이 그 어느 때보다 중요해지고 있습니다. 이는 단순히 조직의 효율성을 높이는 문제를 넘어서, 급변하는 세대와 시대적 요구를 반영한 필수적인 변화이기도 하죠. MZ세대라 불리는 밀레니얼과 Z세대는 기존의 수동적 학습 방식보다는 능동적이고 자기 주도적인 성장을 추구하는 경향이 강합니다. 이들은 한곳에 머무르기보다는 지속적으로 새로운 역량을 개발하고, 이를 통해 더 큰 성취감을 느끼기를 원하는 특성이 있습니다.

오징어 게임의 참가자들이 게임에서 살아남기 위해 스스로 학습하고 전략을 세워야 했던 것처럼, 오늘날의 직장인들도 조직 내에서 자신의 성장을 스스로 주도할 수 있는 환경을 필요로 합니다. 특히, MZ세대는 빠르게 변화하는 기술과 디지털 환경 속에서 성장한 만큼, 새로운 지식과 스킬을 끊임없이 습득하는 데 익숙합니다. 그들은 고정된 직무에 머무르기를 꺼리며, 자기계발과 경력 개발에 적극적입니다. 이러한 특성은 조직 내에서도 개인이 주도적으로 학습하고 성장할 수 있는 시스템이 반드시 필요함을 시사합니다.

스스로 성장하는 시스템이란 단순히 교육을 제공하는 것을 넘어, 자율적인 학습 환경과 경험을 통해 성장할 수 있는 기회를 제공하는 것을 의미합니다. 예를 들어, 구글과 같은 조직문화 선도 기업들은 직원들이 자신의 업무 외에 다양한 프로젝트에 참여하며 새로운 기술을 배우고 창의적 문제 해결을 경험할 수 있는 문화를 조성하고 있습니다. 구글의 20% 프로젝트는 그 대표적인 사례로, 직원들이 근무 시간의 20%를 자신이 원하는 프로젝트에 투자할 수 있게 하여, 스스로 성장할 수 있는 기회를 제공하고 있습니다. 이러한 환경은 직원들로 하여금 자신의 역량을 확장하고, 더 큰 성과를 창출하도록 동기부여합니다.

연구에 따르면, 자율적인 학습과 성장은 직원의 동기 부여와 몰입도를 극대화하는 데 중요한 역할을 하며, 이는 조직의 성과와 직결됩니다[33]. 즉, 스스로 자신의 성장 과정을 통제할 수 있을 때 더 큰 동기부여와 만족감을 얻게 되는 것이죠.

스스로 성장하는 시스템을 만들기 위해서는 조직 차원의 지원뿐만 아니라, 구성원 각자의 자기주도적 학습 습관을 확립하고, 그 과정을 조직 내에서 체계적으로 관리하는 것이 필요합니다. 이를 위해 구체적으로 실행할 수 있는 방안을 제안해보겠습니다.

- 자신만의 학습 루틴 만들기

자기주도적 성장을 위해서는 구성원의 노력도 필요합니다. 개인적인 학습 루틴을 확립해보세요. 매일 조금씩이라도 새로운 것을 배우는 습관을 만들어보는 거죠. 자신의 역량 개발 목표와 관심사를 중심으로 일일 혹은 주간 학습 계획을 세워보는 것도 도움이 됩니다. 일관된 학습 패턴을 유지해야 지속적인 성장이 가능합니다. 우선, 매일 15분이라도 책을 읽거나 유튜브에서 강연과 같은 짧은 교육 콘텐츠를 출근 또는 퇴근길에 시청하는 것으로 시작해보세요. 조직에서는 동료

---

33 Ryan, R. M., & Deci, E. L. (2000). The "what" and "why" of goal pursuits: Human needs and the self-determination of behavior. Psychological Inquiry, 11(4), 227-268

들과 지식을 나누는 스터디 그룹을 제공하면 더욱 효율적입니다. 매일 짧은 시간이라도 학습에 투자하고, 타인에게 지식을 공유하는 습관이 실질적인 성장을 만들어냅니다.

자율적으로 온라인 학습 플랫폼에서 자신의 관심 분야에 맞는 강좌를 선택하고, 일정한 시간대를 정해 학습할 수 있도록 지원할 수 있습니다. 최근에는 부담없는 비용으로 다양한 직무역량 콘텐츠를 제공하는 온라인 교육플랫폼 회사도 많아졌기 때문에 구성원을 소중하게 생각한다면 충분히 고려해볼 수 있는 노력입니다.

- 피드백 시스템 구축하기

피드백이 스스로의 성장을 돕는 이유는, 인간은 누구나 종종 자신의 익숙함에 속기 때문입니다. 우리는 반복되는 행동과 익숙한 패턴 속에서 더 노련해집니다. 그러나 노련함과 최선은 다를 수 있습니다. 익숙해져서 노련해진 것인데 그것을 마치 정답으로 착각하는 거죠. 이 때 외부의 시각을 통해 객관적으로 내 자신을 들여다보면 그동안 미처 인식하지 못한 맹점이나 개선해야 할 부분을 찾아낼 수 있습니다. 다시 말해, 피드백은 내 자신을 객관적으로 조명해주어, 스스로의

237

한계를 뛰어넘을 수 있는 기회를 제공하는 것이죠. 따라서 익숙함이 많은 사람들에게 피드백이 더욱 필요합니다. 리더들부터 피드백을 받아야 하는 이유입니다.

다만 나쁜 피드백이 아니라 좋은 피드백을 받아야 합니다. 나쁜 피드백이 단순한 지적이라면, 좋은 피드백은 구체적인 개선 방향을 제시하여 문제를 명확히 하고 실질적인 성장을 가능하게 만드는 피드백입니다.

그래서, 아무에게나 피드백을 받는 건 위험할 수 있습니다. 우리에게 진정 도움이 되는 조언자를 찾는 것도 인생의 숙제입니다. 주변에서 솔직하면서도 내 자신을 평소 존중해주는 사람을 찾아보세요. 상대방의 단점을 지적할 때도 배려심을 잃지 않고, 응원과 격려를 아끼지 않는 언어를 쓰는 사람들이죠. 또, 함께 일할 때 문제의 해결책을 찾는 데 열정을 쏟는 사람을 주목해보세요. 비난보다는 대안을 제시하고, 협력을 통해 발전의 길을 모색하는 그들의 습관적 언어가 우리의 성장에도 도움이 될 겁니다. 무엇보다, 여러분의 마음까지 보듬어주는 따뜻한 사람을 곁에 두시기 바랍니다. 따뜻한 위로와 함께 올바른 방향을 제시해주는 든든한 조언자를 둔다면 그것만큼 값진 자산은 없을테니까요.

- 사내외 학습 커뮤니티 프로그램 조성 및 제공

학습 커뮤니티는 스스로 성장하는 문화를 구축하는 중요한 기반입니다. 직원들이 개별적으로 학습하는 것도 중요하지만, 서로의 지식과 경험을 공유하며 협력하는 과정에서 더 큰 성장이 이루어질 수 있습니다. 이를 위해 사내외 학습 커뮤니티를 조성하고, 적극적으로 참여할 수 있는 프로그램을 제공하는 것이 필요합니다.

예를 들어, 기술기반 제조업 A사는 직원들이 내외부 전문가들과 연결될 수 있도록 사내 학습 커뮤니티를 활성화하고, 다양한 직무나 관심 분야에 맞춘 기술 공유 세션을 정기적으로 운영합니다. 이러한 커뮤니티는 직원들 간의 네트워크를 강화하고, 각자의 전문 지식을 더 확장할 수 있는 기회를 제공합니다. 또한, 외부의 학습 커뮤니티에 참여하여 최신 트렌드를 따라잡고, 사례 연구 및 실제 경험을 교환할 수 있는 환경을 조성하는 것도 중요한 전략입니다.

사내에서는 직원들이 자신의 관심사에 맞는 스터디 그룹을 자율적으로 조직하도록 독려하고, 이를 위한 시간과 자원을 지원하는 것이 좋은 방법입니다. 이를 통해 직원들은 자신의 성장과 조직의 발전에 기여할 수 있는 기회를 얻게 되며, 협력적인 학습 환경 속에서 더 큰 성과를 창출할 수 있습니다.

C사는 회사 홍보채널로 유튜브를 활성화 시키는 전략을 가지고 있었는데, 이 때 유튜브 크루라는 사내 커뮤니티를 조성하고 회사의 니즈도 충족하면서 구성원 성장도 도모한 바 있습니다. 참여했던 구성원들은 직접 아이디어도 내고, 시나리오 쓰고 촬영도 하면서 업무역량을 높이고 연대감을 강화하면서 조직만족도가 올라간 효과를 얻었습니다.

이렇게 스스로 성장할 수 있는 시스템을 만들면, 어떤 상황에서도 지속적으로 발전할 수 있습니다. 누구에게나 도전은 어렵고 실패는 두렵습니다. 하지만 진정한 성장은 이러한 과정 속에서 이루어집니다

개인의 기여를 인정하라
오징어 게임의 참가자들은 죽음의 두려움을 느끼는 순간에서도 자신의 능력이 팀의 승리에 기여했을 때 자신감과 소속

감을 느꼈습니다. 아브라함 매슬로우(Abraham Maslow)는 욕구 이론을 통해 소속감과 자아실현을 인간의 본능적 욕구로 제시한 바 있죠. 이 이론은 인간의 욕구가 단계적으로 구성되어 있으며, 하위 욕구가 충족되어야 상위 욕구로 나아간다는 설명합니다. 욕구는 생리적 욕구, 안전 욕구, 사회적 욕구, 존경 욕구, 자아실현 욕구의 5단계로 이루어집니다. 최종

목표는 자아실현으로, 개인의 잠재력을 최대한 발휘하는 것을 의미하죠. 인간은 타인이나 자신이 속한 조직에 기여함으로써 성취감을 느끼는 본능을 가지고 있습니다. 인간은 타인과의 관계 또는 속한 조직 안에서 자신의 가치를 확인하며 더 큰 동기부여를 얻습니다.

그러니 구성원의 기여를 인정하고 격려하는 것은 더 이상 선택이 아닌 필수적인 일상이 되어야 합니다. 개인이 조직 내에서 자신의 역할과 가치를 인정받을 때, 그들은 단순히 동료로서가 아니라 조직의 중요한 일원으로 성장하게 되죠. 이 과정에서 얻는 자부심과 성취감은 구성원들에게 더 큰 동기부

여를 제공하고, 결과적으로 그들은 더 깊이 몰입하고 조직에 더욱 헌신할 수 있습니다. 결국, 구성원의 기여를 인정하는 것은 단순한 격려를 넘어, 조직의 성과와 성장을 이끄는 핵심적인 동력이 됩니다.

 정기적인 '기여자 스포트라이트' 프로그램을 도입하는 것도 도움이 됩니다. 이 프로그램은 개별 직원들이 프로젝트나 업무에서 보여준 노력을 공개적으로 인정하고, 그들의 성과를 동료들과 함께 축하하는 자리입니다. 이를 통해 구성원들은 자신이 조직에 실질적으로 기여하고 있다는 사실을 더욱 확신하게 되며, 이 과정에서 더욱 큰 성취감을 느끼게 되죠. 특히 핵심 인재일수록, 공개적인 인정과 명예를 중요하게 여긴다는 연구는 많은 경영 이론에서 다루어지고 있습니다. 조직 내에서 개인의 기여를 인정하는 것이 이직률을 낮추고 몰입도를 높인다는 연구들이 이를 뒷받침 합니다[34].

 기여자를 주인공으로 인정하는 상황에서는 반드시 뒤에서 묵묵히 성공을 뒷받침한 숨은 히어로들의 공도 절대 간과되

34 Eisenberger, R., & Stinglhamber, F. (2011). Perceived organizational support: Fostering enthusiastic and productive employees. American Psychological Association.

오징어게임으로 본 인간과 조직 이야기

어서는 안 됩니다. 이를 위해, 일부 기업은 '서포터스 어워드' 프로그램을 도입해 직접적인 성과는 드러나지 않지만, 중요한 지원을 아끼지 않은 구성원들의 노력을 공개적으로 인정하고 있습니다. 서포터들의 기여를 더욱 가치 있게 다루기 위해 매년 '숨은 영웅 시상식'을 진행하며, 팀의 성공을 위해 지원하고 도와준 구성원들의 기여를 조명하는 것이죠.

이는 단순히 프로젝트 리더나 성과가 높은 직원만을 인정하는 것이 아니라, 성과를 만들기 위한 다양한 역할과 방식을 폭넓게 인정해주는 제도로, 모든 구성원이 자신이 중요한 역할을 수행하고 있다는 확신을 심어줍니다. 이를 통해 조직은 직접적이든 간접적이든, 모든 기여가 조직의 성공에 중요하다는 메시지를 명확히 전달하게 됩니다. 결과적으로, 구성원들은 각자 맡은 자리에서 더욱 자발적으로 책임감과 성취감을 느끼며 일하게 되고, 이는 조직의 장기적인 성과와 혁신을 이끄는 동력이 됩니다.

성과 평가도 개인의 양적 성과뿐만 아니라 질적 기여도 함께 고려하는 방식이면 더욱 좋습니다. 단순히 수치로 평가되는 성과 외에도, 협업이나 창의적 문제 해결, 팀의 성공을 위한 기여 등을 평가하는 방식이 보다 포괄적 성과 관리로 이어질 수 있습니다. 예를 들어, 글로벌 기업 G사는 직원의 창의적 기여를 평가의 중요한 요소로 삼아, 혁신적인 아이디어와 팀워크를 촉진하는 문화를 구축한 바 있습니다. 이로 인해 직원들은 성과를 향한 압박보다 의미 있는 기여를 인정받는 것에서 오는 동기부여를 받습니다. 결과적으로 성과와 몰입도가 함께 향상되는 긍정적인 효과를 얻을 수 있었죠. 이러한 기여 인정을 통해 직원들은 단순히 일을 처리하는 것이 아니라, 조직의 일원으로서 그들의 역할이 조직의 성공에 큰 영향을 미친다는 점을 실감하게 됩니다.

개인의 웰빙을 고려하라

오징어 게임에서 참가자들의 신체적, 정신적 상태가 그들의 수행 능력에 직접적인 영향을 준 것처럼, 조직에서도 내적으로나 외적으로 건강한 구성원이 있을 때 비로소 조직도 건강하고 생산적일 수 있습니다. 이를 위해 탄력적 근무 시간 제도와 집중 업무 시간(Deep Work Time) 도입은 방안이 될 수 있습니다.

탄력근무제는 직원들이 출퇴근 시간을 조정하여 자신의 업무 스타일에 맞출 수 있게 돕습니다. 일과 삶의 균형을 맞추면서도 자율성을 존중하는 방식입니다. 그런데 업종과 상황에 따라 탄력근무제를 적용하는 것은 어려울 수 있습니다. 이때는 특정 시간대를 집중 업무 시간으로 지정하는 것을 고려해볼 수 있습니다. 출퇴근을 조정할 수 없으니 업무 시간 중 몰입할 수 있는 환경을 제공하는 것이 더 현실적이죠. 특정 시간은 회의 없이 방해받지 않고 몰입할 수 있는 환경을 만들거나, 이어폰을 끼고 일하는 상황 조건을 공유하여 서로의 일하는 방식을 존중하는 방식으로 심리적 웰빙을 도울 수 있습니다.

최근에는 정신 건강 지원 프로그램(EAP)을 도입한 조직도 상당히 많지요. 국민건강보험공단이나 정신건강복지센터를 통해 무료로 상담 서비스를 제공받을 수도 있기 때문에 다양하게 도입방식을 고려해볼 수 있습니다. 더불어, 디지털 플랫폼을 통해 쉽게 접근할 수 있는 명상 및 마음챙김 도구를 제공하거나, 정기적인 스트레스 관리 워크숍을 통해 구성원들의 정신적 안정을 도모할 수 있습니다. 이러한 접근법은 구성원 개개인의 자율성을 존중하면서도 업무 효율성을 높이는 현실적인 방안이 될 수 있습니다.

제4부 위기 속에 빛나는 인간중심 경영

오징어 게임에서 만약 참가자들이 각자의 가치를 인정받고 서로를 존중하는 환경이 조성되었다면, 아마도 그 게임의 결말은 완전히 달라졌겠지요? 참가자들 간의 협력과 존중 속에서 우리는 또 다른 차원의 인간적인 승리를 목격했을 것입니다. (하지만 그런 이상적인 상황은 드라마의 긴장감과 흥미를 떨어뜨리겠죠.)

"당신은 단순한 숫자가 아닙니다. 당신은 고유한 가치를 지닌 소중한 존재입니다."

이러한 메시지가 모든 구성원에게 전달될 때, 우리는 경쟁이 아닌 협력으로, 파괴가 아닌 창조로 성장할 수 있는 조직을 만들어갈 수 있습니다. 오징어 게임속 이야기가 비록 극단적 상황을 다루었지만, 그 이면에서 우리가 배울 수 있는 교훈은 명확합니다.

사람을 존중하고 구성원을 소중하게 대하는 조직이야말로 장기적으로 성공할 수 있습니다. 인간은 기계가 아닙니다. 인간은 인간(人(間)입니다. 즉, 혼자가 아닌 '사람과 사람 사이'에서 존재하는 관계적 존재이죠. 인간은 휴먼(Human)입니다. Human은 고대 라틴어 'humanus'에서 왔는데 이는 'earthly, mundane'을 뜻하는 'humus'에서 파생되었습니다. '휴먼'이라는 단어 자체가 땅에서 왔으며 자연의 일부임을 내포하고 있는 것이죠.

인간은 조직의 성과를 위한 부품이나 기계가 아니라, 관계 속에서 존재하며 자연의 일부인 소중한 존재임을 잊어서는 안됩니다. 진정한 성과와 효율은 각 구성원의 고유한 가치를 존중하고 그들 사이의 관계와 시너지를 일궈 낼 때 비로소 꽃 필 수 있습니다. 우리가 매일 마주하는 직장에서 사람과 사람 사이(人間)의 관계를 소중히 여기고 각자가 자연(humus)의 일부로서 존엄을 지닌 존재임을 잊지 않는다면, 우리는 결코 인간을 기계나 부품으로 대하는 우를 범하지 않을 것입니다.

신뢰와 성과

오징어 게임에서 가장 감동적인 장면 중 하나는 참가자들이 서로의 이야기를 나누는 순간이었습니다. 특히 강새벽과 지영이 구슬 게임을 하며 나눈 대화를 기억하시나요? 그들은 생사를 건 게임 속에서도 서로의 꿈과 희망, 그리고 아픔을

247

나누었습니다. 그 순간 그들은 단순한 경쟁자가 아닌 인간으로서 서로를 이해하고 공감했습니다.

소통과 공감은 신뢰의 기초가 됩니다. 서로의 이야기를 듣고 진심을 이해하는 과정은 단순히 업무적 관계를 넘어서, 함께 성장할 수 있는 환경을 만들어줍니다. 우리는 종종 관계의 중요성을 잊고 성과에만 몰두할 때가 있습니다. 하지만 진정한 신뢰는 서로를 경쟁자가 아닌 같은 목표를 향해 가는 동료로 바라보며, 공감과 소통을 통해 쌓이는 것입니다. 신뢰는 성공적인 팀워크와 지속적인 성과를 위해 반드시 필요합니다.

그렇다면 어떻게 조직에서 신뢰를 쌓을 수 있을까요?

예측가능하고 공유된 규칙

어떠한 게임이 기다리고 있을지 모르는 상황에서 주인공 성기훈은 불안한 눈동자로 말합니다.

"도대체, 우리에게 뭘 시키려고..삥뺑이해서 오래 버티기? 정글짐에서 떨어뜨리기?"

오징어게임으로 본 인간과 조직 이야기

조직 심리학자 크리스 아지리스(Chris Argyris)는 이를 '조직 방어 루틴(Organizational Defensive Routines)'이라고 설명합니다. 그에 따르면, 구성원들이 조직 내 규칙과 절차에 대한 불확실성을 느낄 때, 자신을 보호하기 위한 방어적 행동을 하게 된다는 것이죠. 예를 들어, 의사결정 과정이 불투명하거나 평가 기준이 모호할 때, 구성원들은 자신의 행동이 어떤 결과로 이어질지 예측하기 어렵습니다. 이런 상황에서는 자신을 보호하기 위해 소극적으로 행동하거나, 책임을 회피하려는 경향이 나타날 수 있습니다. 또한 조직 내 규칙이 자주 변경되거나 일관되지 않을 때도 구성원들은 혼란스러움을 느끼게 됩니다. 이는 조직과 리더에 대한 불신으로 이어져, 구성원들의 사기와 몰입도를 떨어뜨릴 수 있습니다.

이렇듯 조직 내 규칙의 불확실성은 구성원 개인의 심리적 불안정뿐 아니라, 조직의 성과와 문화에도 부정적 영향을 미칩니다. 따라서 명확하고 일관된 규칙을 수립하고, 이를 투명하게 공유하는 것이 구성원들의 신뢰를 얻고 건강한 조직문화를 만드는 데 매우 중요하다고 할 수 있겠습니다.

우리는 종종 조직을 하나의 거대한 기계로 비유합니다. 각 구성원은 기계의 부품이고, 이 부품들이 잘 맞물려 돌아갈 때 비로소 조직은 제 기능을 하게 되죠. 하지만 조직을 움직이는 것은 단순한 기계 논리가 아닙니다. 조직을 살아 숨 쉬게 하는 것은 바로 '신뢰'라는 숨은 동력입니다.

구성원들이 조직을 믿고, 조직이 구성원을 신뢰할 때 비로소 진정한 협력이 가능해집니다. 하지만 이 신뢰는 저절로 생겨나는 것이 아닙니다. 마치 든든한 건물에 튼튼한 기초가 필요한 것처럼, 신뢰에도 확고한 토대가 필요하죠. 그 토대를 이루는 것이 바로 '예측 가능하고 공유된 가치'입니다.

'예측 가능한 가치'란 조직의 규칙과 원칙이 일관되고 명확하게 적용되는 것을 말합니다. 구성원들이 어떤 행동을 하면 어떤 결과가 따라올지 명확히 알 수 있어야 합니다. 리더의 의사결정이 투명하고, 성과 평가의 기준이 공정해야 하죠. 이런 예측가능성이 있어야 구성원들은 조직을 신뢰하고, 안심하고 자신의 역량을 발휘할 수 있습니다.

'공유된 가치'란 조직과 구성원이 함께 추구하는 목표와 신념을 뜻합니다. 우리가 왜 이 일을 하는지, 우리가 중요하게 여기는 가치는 무엇인지 함께 고민하고 공감할 때, 비로소 진정한 일체감이 형성됩니다. 이는 단순히 주어진 규칙을 따르는 것을 넘어, 자발적으로 조직에 몰입하게 하는 원동력이 됩니다.

지금 이 순간에도 많은 조직들이 신뢰의 위기를 겪고 있습니다. 급변하는 환경 속에서 과거의 규칙과 가치는 더 이상 유효하지 않게 되었죠. 이럴 때일수록 우리에게 필요한 것은 '예측가능하고 공유된 가치'에 대한 진지한 고민입니다. 모두가 공감하고 따를 수 있는, 새로운 원칙을 세우는 일. 그것이 신뢰라는 기둥을 바로 세우는 첫걸음이 될 것입니다.

- 일하는 방식 설계

조직은 구성원들이 함께 일하는 방식을 명확히 정의하고 공유해야 합니다. 이를 통해 불확실성을 줄이고 구성원들이 일관성 있게 협력할 수 있습니다. 구체적으로는 협업 도구 사용법, 의사소통 채널, 업무 프로세스 등이 명시된 워크플로우(Workflow)가 필요합니다. 어렵게 생각하지 않아도 됩니다. 우아한 형제들이 만든 '송파구에서 일 잘하는 방법'을 보신 적이 있나요? 이게 일하는 방식입니다. 출근해서 퇴근할 때

제4부 위기 속에 빛나는 인간중심 경영

까지 어떤 행동이 바람직한지를 정한 우리만의 그라운드 룰이죠.

우아한형제들
송파구에서
일 잘하는 방법 11가지

1 9시 1분은 9시가 아니다. 우리는 근무 시작 시간 시작부터 문서를 작성합니다.

2 업무는 수직적, 인간적인 관계는 수평적. 조직적이라는 자유로운 수직과 수평이 맞선으로 통하합니다.

3 간단한 보고는 상급자가 하급자 자리로 가서 이야기 나눈다.

4 잡담을 많이 나누는 것이 경쟁력이다. 잡담으로부터니가 아닌 "컬쳐에 되지않아" 지않으면 "문제"가 "되"됩니다.

5 개발자가 개발만 잘하고, 디자이너가 디자인만 잘하면 회사는 망한다.

6 휴가 가거나 퇴근시 눈치 주는 농담을 하지 않는다. 농데가거나대은을위을당 생각해가주리가절합습

7 팩트에 기반한 보고만 한다. 본 것과 들은 것과 보고해야 보고합니다. 본 것과 들은 것을 구분해 보고하고, 보기 힘고 뚜렷일은 것은 꼭 일한 대하어게어야 합니다 --여습의

8 일을 시작할 때는 목적, 기간, 예상산출물, 예상결과, 공유대상자를 생각한다.

9 나는 일의 마지막이 아닌 중간에 있다. 이 일은 전체 어떤 맥락을 알아 고객을합니다. 기획, 개발, 제작, 테스팅·마케팅·CS, 영업까지옵

10 책임은 실행한 사람이 아닌 결정한 사람이 진다. 우리들이시행은 실무자가 최고의 상태를 낼 수 있도록 하는 합니다.

11 솔루션 없는 불만만 갖게 되는 때가 회사를 떠날 때다. 이불만그러거나그나니거나— 여해고

- 컬처덱(Culture Deck)

컬처덱은 조직의 비전, 가치, 행동 규범을 담은 문서로, 구성원들이 조직이 추구하는 방향성과 기대하는 행동을 명확히 이해할 수 있게 도와줍니다. 이를 통해 구성원들은 조직 내에서 무엇이 중요한지, 그리고 어떻게 행동해야 하는지에 대한 일관된 기준을 가지게 됩니다. 넷플릭스와 같은 글로벌 기업들이 컬처덱을 통해 조직 문화를 체계적으로 전달하고 있으며, 이는 신뢰와 투명성을 강화하는 데 큰 역할을 합니다.

오징어게임으로 본 인간과 조직 이야기

- 조직문화 디자인캔버스 (Organizational Culture Design Canvas)

조직의 문화를 구체적으로 설계하기 위해 사용할 수 있는 도구입니다. 이 캔버스는 조직의 핵심 가치, 리더십 스타일, 의사소통 방식, 업무 환경 등을 시각적으로 정리하여 조직이 어떤 문화를 추구하고자 하는지 명확히 설정하는 데 유용합니다. 이를 통해 조직은 자신들이 구축하고자 하는 문화를 명확히 정의하고, 모든 구성원에게 투명하게 공유할 수 있습니다. 흔히들 조직문화는 뜬구름 같다고 표현하는데, 뜬구름 맞습니다. 구성원들 사이에 자리잡고 있는 암묵적 가정이고 믿음이기에 보이지 않고 만질 수 없죠. 그러니 더더욱 시각화가 필요합니다. 컬처덱과 디자인캔버스를 눈에 보이게 공유하는 것부터 시작해볼 수 있습니다.

- 주기적 피드백

규칙을 만들어 공유했으면 조직 내에서 지속적으로 피드백을 주고받는 체계를 마련하는 것도 중요합니다. 정기적인 1:1 미팅이나 설문조사, 또는 360도 피드백 시스템을 통해 구성원들이 서로의 의견을 자유롭게 공유하고 개선점을 찾아나가는 과정을 만들어야 합니다. 이는 불신을 줄이고 신뢰를 쌓는 데 큰 역할을 하며, 지속적인 개선과 성장을 촉진합니다.

솔직한 소통의 장, 지켜야 할 예의

솔직한 소통 역시 조직에서 신뢰를 쌓는 기초입니다. 오징어 게임에서도 참가자들이 서로의 정보와 전략을 공유했을 때, 더 강한 팀을 이루며 어려운 상황에서 협력할 수 있었지요. 조직에서도 마찬가지로, 솔직함은 신뢰의 기본이 됩니다. 솔직함을 나눌 수 있는 주기적인 소통의 장이 있으면 좋겠습니다. 정기적인 전체 미팅을 통해 조직의 현황과 방향성을 공유하는 것입니다. 예를 들어, 타운홀 미팅은 이러한 정보 공유를 정기적으로 시행하는 대표적인 제도입니다. 이미 많은 기업들이 월별 또는 분기별 타운홀 미팅을 통해 조직의 성과, 현재 진행 중인 프로젝트, 향후 목표 등을 전 직원과 공유하며, 이 과정에서 직원들의 질문에 실시간으로 답변하는 형태로 소통의 투명성을 높입니다. 이러한 프로그램을 통해 구성원들은 자신이 속한 조직이 어디로 향하는지 명확하게 알게 되며, 더 큰 책임감과 신뢰를 형성하게 됩니다.

또한, 의사결정 과정을 투명하게 공개하고 그 이유를 설명하는 것도 도움이 됩니다. 가령, 중요한 결정이 어떻게 내려

졌는지, 어떤 기준으로 선택되었는지에 대한 정보를 제공하면 직원들은 더 큰 이해와 신뢰를 갖게 됩니다. 이는 특히 어려운 상황이나 문제에 직면했을 때 더욱 중요해집니다. 문제를 숨기지 않고 솔직하게 구성원들과 공유하는 태도는 신뢰를 강화하고, 구성원들이 문제 해결에 더 능동적으로 참여하게 만듭니다.

구성원 누구라도 조직 안에서 진행되는 정보에 접근할 수 있는 환경도 신뢰형성에 도움이 됩니다. 정보 접근성을 확대하는 것이죠. 데이터와 자료 공유를 활성화하여 실시간으로 데이터, 보고서, 목표, 성과 등을 구성원들이 쉽게 접근할 수 있도록 클라우드 플랫폼을 활용할 수 있습니다. 모든 구성원이 자유롭게 소통할 수 있는 오픈 채널을 만들어, 의견이나 질문을 자유롭게 제출할 수 있도록 독려함으로써 상위 리더십과의 경계를 허물고 전사적으로 열린 의사소통을 촉진할 수 있습니다. 이를 통해 조직 전체의 정보 투명성을 높이고, 구성원 간의 협력을 강화할 수 있습니다.

익명 피드백 시스템도 도입해볼 수 있습니다. 익명성을 보장함으로써 직원들은 보다 솔직하게 의견을 제시할 수 있고,

이는 조직의 발전과 혁신을 촉진하는 원동력이 됩니다. 한 가지 주의해야 할 점은, 익명 피드백 시스템을 지속적이고 건강하게 운영하기 위해서는 반드시 그라운드 룰을 설정해야 한다는 점입니다. 특히, '해야 하는 룰'보다 '하지 말아야 할 룰'을 반드시 안내하고 엄격히 금지시키는 것이 건강한 소통에 도움이 됩니다. 가령 이런 것들이죠.

- 개인 공격 금지 : 익명 피드백을 통해 특정 개인의 성격, 외모, 성향 등을 공격하는 것은 절대 금지되어야 합니다. 이는 직장 내 괴롭힘으로 이어질 수 있으며, 소통을 왜곡시켜 조직의 신뢰를 크게 훼손할 수 있습니다. 피드백은 문제를 해결하기 위한 도구이지, 개인적인 불만을 표출하는 장이 되어서는 안 됩니다.

- 부정확하거나 근거 없는 비판 금지 : 근거 없이 타인을 비판하거나 소문에 기반한 피드백을 제공하는 것은 조직 내 갈등을 유발할 수 있습니다. 익명 피드백 시스템은 사실에 기반한 구체적인 내용을 다루는 것이 중요하며, 이를 통해 조직의 개선과 발전을 도모해야 합니다. 피드백은 단순한 불만 제기가 아니라 건설적인 문제 해결을 위한 방향으로 진행되어야

합니다.

- 악의적인 허위 정보 금지 : 허위 정보를 유포하거나 조작된 내용을 익명으로 제출하는 것은 조직의 소통을 왜곡시키고, 타인에게 부정적인 영향을 미칠 수 있습니다. 이는 피드백 시스템의 신뢰성을 떨어뜨리고, 조직 문화를 파괴하는 원인이 될 수 있으므로 철저히 금지해야 합니다.

- 특정 집단이나 개인을 표적으로 삼는 행위 금지 : 익명성을 악용해 특정 부서나 집단, 또는 개인을 표적으로 고립시키거나 음해하는 행동은 엄격히 금지되어야 합니다. 이는 조직 내에서 분열을 조장하고, 심리적 불안감을 야기할 수 있기 때문에 매우 위험합니다.

하지 말아야 할 룰을 명확하게 안내하고, 이를 어길 시 엄격히 통제하는 것은 직장 내 괴롭힘이나 빌런 같은 행동을 방지하고, 피드백 과정이 건설적이고 긍정적인 방향으로 진행될 수 있도록 돕습니다. 조직은 구성원을 보호하고 함께 목표를 달성하는 공간이지, 잘못된 행동까지 배려해야 하는 곳은 아닙니다. 우리는 서로를 존중하며 성장할 수 있는 환경을 만들어야 하며, 그 과정에서 발생하는 부정적인 행위에 대해서는 결코 침묵할 수 없습니다.

약속을 지키는 리더십

여러분은 어떨 때 상대방의 진정성을 느끼시나요? 스티븐 코비(Stephen Covey)는 "신뢰의 본질은 약속을 지키는 것에서 나온다"라고 말하며, 진정성 있는 리더십은 작은 약속을 지키는 것에서 시작된다고 강조한 바 있습니다[35].

진정성은 말보다는 행동으로 증명되는 것입니다. 그 중에서도 약속을 지키는 행동이야말로 진정성을 가장 강하게 느낄 수 있는 순간입니다. 약속을 지키는 행동은 상대방에게 '이 사람은 믿을 수 있다'는 확신을 심어주며, 이를 통해 신뢰가 자연스럽게 쌓이게 됩니다.

오징어게임 속 '프론트맨'은 오징어 게임에서 게임의 진행을 감독하고 규칙을 철저히 관리하는 냉혹한 인물입니다. 그는 참가자들 사이에 두려움을 불러일으키는 존재이지만, 한편으로는 게임의 모든 규칙과 약속을 철저히 지킴으로써 게

---

35 Covey, S. R. (2006). The Speed of Trust: The One Thing That Changes Every-thing. Free Press.

오징어게임으로 본 인간과 조직 이야기

임의 공정성을 보장합니다. 프론트맨은 매 순간 무자비하게 규칙을 집행하는 차가운 인물이지만, 그가 약속을 절대 어기지 않는다는 점은 믿어 의심치 않습니다. 아마도 오일남이 프론트맨을 믿고 직책을 준 이유이겠지요. 그가 규칙을 지키지 않았다면, 참가자들의 게임은 더 혼란스러워졌을 것입니다.

프론트맨의 일관된 태도는 참여자들에게 공포와 신뢰를 동시에 느끼게 합니다. 극한의 상황에 내몰린 참가자들에게 그의 냉정한 규칙 집행은 잔혹한 현실로 다가옵니다. 하지만 동시에 프론트맨이 약속을 지키는 사람이라는 점에서는 이견이 없습니다. 비록 게임의 규칙이 가혹하고 비인간적이라 할지라도, 그 규칙이 일관되게 적용된다는 것에는 의심이 없습니다. 그가 약속을 지킨다는 사실은 참가자들로 하여금 최소한 게임의 규칙이 일관되게 적용된다는 안도감을 주기도 합니다.

다행히, 현실에서의 조직 리더는 공포감을 주지 않으면서 신뢰를 줄 수 있습니다.

리더일 수록 그 약속이 작든 크든 반드시 이행하는 것이 중요합니다. 작은 약속을 지키는 것부터 시작해, 리더의 말과 행동이 일치할 때 구성원들은 그 리더를 더욱 믿고 따르게 됩니다. 또한 상황에 따라 약속을 지키기 어려운 상황이 발생할 수 있는데, 이때는 미리 설명하고 양해를 구하는 과정이 반드시 필요합니다. 이유와 상황을 솔직하게 설명하며 대안을 제시하는 것이 리더로서의 책임입니다. 리더십 전문가 브레네 브라운(Brene Brown)[36]은 "취약함을 인정하는 것은 신뢰와 소통의 시작점이다" 라고 말하며, 솔직하게 실수를 인정하는 용기가 신뢰 형성에 얼마나 중요한지 강조한 바 있습니다. 사과는 단순한 의무를 넘어, 상대방의 입장을 공감하고 책임감을 보여주는 첫 단계입니다. 잘못을 인정하고 책임지는 태도를 통해 조직의 소통은 성숙해지고 대화는 더욱 건강해질 겁니다.

나아가 약속 이행 현황을 정기적으로 점검하고 공유하는 과정도 필수적입니다. 리더가 자신이 했던 약속을 점검하고, 그 진행 상황을 투명하게 공유함으로써 구성원들에게 신뢰와 책임의 문화를 확고히 심어줄 수 있습니다. 이는 리더십의

36 Brown, B. (2012). Daring Greatly: How the Courage to Be Vulnerable Transforms the Way We Live, Love, Parent, and Lead. Gotham Books.

오징어게임으로 본 인간과 조직 이야기

일관성을 보여주며, 리더가 약속을 소중히 여긴다는 인식을 심어줍니다. 실수에 대한 공유도 중요합니다. 실수로 인해 발생한 문제를 해결하기 위한 구체적인 계획을 세우고 성실히 실행하는 과정은 조직의 큰 자산이 됩니다. 예를 들어, 토요타는 제품 문제나 실수가 발생했을 때 이를 투명하게 공유하고, 신속하게 "카이젠(Kaizen)" 프로세스를 통해 문제 해결 계획을 실행하는 방식으로 책임감을 보여줍니다. 이러한 행동은 단순한 사과를 넘어, 구성원들과 고객들의 신뢰를 회복하는 데 중요한 역할을 합니다.

나아가 우리는 실수를 통해 배운 소중한 교훈을 조직 전체와 공유함으로써, 비슷한 실수의 재발을 방지하고 함께 성장하는 기회로 삼을 수 있습니다. 이를 위해 '실수 공유회'와 같은 자리를 마련해 구성원들이 서로의 경험을 나누고 배우는 열린 장을 만드는 것도 좋은 방법이 될 것입니다.

이케아(IKEA)는 실패와 실수에서 배우는 문화를 실천하는 대표적인 기업 중 하나입니다. 제품 개발 과정에서 실수를 학습의 기회로 삼고, 실패에서 얻은 교훈을 조직 전반에 공유하는 시스템을 갖추고 있습니다. 예를 들어, 초기 개발 과정에서 실패한 프로젝트나 디자인은 내부적으로 공개적으로 논의되며, 그 실패를 통해 얻은 창의적 해결책과 교훈이 다른 팀과 공유됩니다. 이케아는 이를 통해 실수를 두려워하지 않고, 오히려 이를 혁신의 원동력으로 삼는 문화를 조성했습니다.

이러한 프로그램이 잘 작동되면, 리더 뿐만 아니라 전 구성원이 실수를 숨기기보다는 솔직하게 드러내고, 실패를 통해 배우는 것을 가치 있게 여기게 됩니다.

무엇보다 구성원은 리더가 약속을 지키는 모습을 보면서 안심하고 그를 따르게 됩니다. 리더가 작은 약속부터 성실히 지켜나갈 때, 구성원 간에도 서로를 더욱 신뢰하고, 협력하고 싶은 마음이 생겨납니다. 이런 환경에서 구성원은 비로소 각자의 역량을 최대한 발휘하여 더 나은 성과를 이뤄낼 수 있습니다.

그러니 리더의 약속이행은 단순히 리더 개인의 자질에 그치는 것이 아닙니다. 그 영향력은 구성원 개개인에게 퍼져나가 조직 전체의 신뢰와 협력을 강화하는 선순환을 만들어 냅니다.

개인적으로도 기억에 남는 리더를 생각해 보면, 결국 약속을 지키려는 노력과 행동을 보여주신 분이었습니다. 그러한 모습에 자연스레 존경심이 생겼고, 저 역시 더욱 책임감 있게 행동하고 싶은 동기부여가 되었죠. 리더의 약속이행은 개인의 성장은 물론, 우리가 함께 만들어갈 조직의 밝은 미래를 위한 초석이 된다는 것을 기억하시기 바랍니다.

'어떻게 말할까' 하고 괴로울 때는 진실을 말하라
- 마크 트웨인

상호 존중과 공감의 일상 언어

신뢰는 마치 나무와 같습니다. 한 번의 물 주기로 울창한 숲을 이룰 수 없듯, 신뢰도 하루아침에 쌓을 수 없지요. 매일매일 정성스레 물을 주고, 잡초를 뽑아내며 정성을 들이듯, 우리도 일상에서의 작은 언행 하나하나에 마음을 담아야 합니다.

조직 내에서 서로 간의 신뢰를 쌓기 위해 우리가 일상적으로 나눌 수 있는 소중한 언행들이 있습니다. "오늘 회의에서 좋은 의견 내주셔서 감사합니다.", "항상 모범이 되는 자세로 임해주시네요. 많이 배웁니다."와 같이 서로의 노고와 능력을 인정하는 감사와 칭찬의 말은 관계를 돈독히 하고 신뢰의 씨앗을 뿌립니다.

또한, 상대방의 말에 집중하고 공감의 표시를 해주는 경청의 자세, "그 부분에 대해 더 설명해주시겠어요?", "어떤 점이 가장 힘드셨나요?"등의 질문을 통해 깊이 있는 대화를 이어 나가는 것도 중요합니다.

이와 더불어, "최근 업무량이 많아 보이던데, 제가 도움 될 일이 있을까요?", "힘든 일 있으면 언제든 말씀해주세요." 등 서로의 어려움에 공감하고 지원의 손길을 내미는 태도는 동료애를 높이는 데 큰 역할을 합니다.

나아가 "말씀드린 자료는 내일 오전까지 꼭 보내드리겠습니다.", "제 담당 부분은 최선을 다해 완수하겠습니다."와 같이 약속을 이행하려는 모습, 맡은 바를 다하려 노력하는 책임감 있는 자세 역시 신뢰 구축에 없어서는 안 될 요소입니다.

마지막으로 "건강 조심하세요.", "가족에게 안부 전해주세요.", "편안한 주말 보내시기 바랍니다." 등의 따뜻한 마음을 표현하는 언행은 서로의 일상에 관심을 갖고 작은 온정을 전하는 것으로, 그 자체로 큰 힘이 됩니다.

이처럼 일상에서 나눈 진실한 말 한마디, 따뜻한 행동 하나가 모이다보면 어느새 우리 곁에 든든한 신뢰의 기반이 자리하고 있을 것입니다. 나무가 한 뼘 한 뼘 자라 끝내 큰 그늘을 드리우듯, 세월의 흔적이 고스란히 배어 있는 나이테처럼, 쌓인 신뢰의 깊이는 시간이 증명해줄 것입니다.

단지 따뜻한 말 한마디로만 신뢰가 쌓인다고 생각하는 것은 다소 낭만적으로 보일 수 있습니다. 물론, 신뢰는 단순히 말로만 형성되지 않습니다. 중요한 것은 업무에 대한 전문성과 능력, 그리고 성실함도 뒷받침되어야 하겠지요. 업무를 잘하지 못하는 사람이 단지 좋은 말만 나눈다고 해서 신뢰를 얻을 수는 없겠죠. 다만, 업무의 성장은 시간이 필요합니다. 하지만 말은 지금 당장 노력으로 바꿀 수 있습니다. 그러니 지금 당장 바꿔볼 수 있는 것부터 실천해보면 어떨까요.

우리가 간과하지 말아야 할 점은, 아무리 뛰어난 능력을 가진 사람이라도 팀원들과의 소통과 유대가 부족하다면 진정한 협력과 시너지를 이끌어내기 어렵다는 것입니다. 냉랭하고 메마른 분위기 속에서는 아이디어의 꽃이 피기 힘들고, 혼자서만 잘났다고 앞서 가는 능력자에게는 함께 하는 동반자도 줄어들게 됩니다.

업무적 역량 개발도 중요하지만, 그에 못지않게 서로를 이해하고 소통하려는 노력이 병행되어야 합니다. 일상의 언어를 점검해보세요. 일상의 언어를 바꿔보세요. 신뢰를 얻고 신뢰를 주는 사람이 되어보세요. 여러분의 하루가 더욱 풍요로울 겁니다.

신뢰는 어떻게 성과로 이어질까

경쟁은 필요하지만, 그것이 파괴적이어서는 안 됩니다. 오히려 모두를 성장시키는 촉매제가 되어야 합니다. 파괴적 경쟁이 아닌 건설적 경쟁의 뿌리에는 신뢰가 있습니다. 신뢰는 단순히 좋은 관계를 유지하는 데 필요한 요소가 아닙니다. 그것은 조직의 성과로 직결되는 중요한 원동력입니다.

신뢰가 있는 조직에서는 의사소통의 자유로움이 극대화됩니다. 오징어 게임의 줄다리기 게임에서 참가자들이 서로의 전략을 자유롭게 공유하고 토론했을 때, 그들은 불리한 상황을 극복하고 승리할 수 있었습니다. 자유로운 의사소통은 팀워크와 문제 해결의 핵심입니다. 에드가 샤인(Edgar Schein)[37]

---

37 Schein, E. H. (2010). Organizational Culture and Leadership (4th ed.). Jossey-Bass.

의 조직 문화 이론은 신뢰와 의사소통이 조직의 핵심 문화 요소임을 강조합니다. 신뢰가 있는 환경에서는 정직하고 개방적인 소통이 자연스럽게 이루어지고, 이는 구성원들이 서로 협력하고 창의적인 해결책을 만들어내는 힘이 됩니다. 문제를 빠르게 인식하고 해결하는 능력도 뛰어나며, 효율적인 조직으로 발전할 수 있습니다.

또한, 심리적 안전감(Psychological Safety)을 강조한 에이미 에드먼슨(Amy Edmondson)[38]은 구성원들이 실수를 두려워하지 않고 의견을 솔직하게 말할 수 있는 환경이 있을 때, 조직의 성과가 더 크게 향상된다고 설명합니다. 신뢰가 기반이 된 조직에서는 직원들이 서로의 아이디어를 존중하며 창의적인 아이디어를 내놓을 수 있는데요, 이런 환경에서는 실수를 통해 배우는 과정이 자연스럽게 자리 잡게 되어, 팀워크와 성과가 눈에 띄게 좋아지게 됩니다.

반면, 신뢰가 부족한 조직에서는 구성원들이 자신의 의견을 방어적으로 표현하는 경향이 강해집니다. 실수나 약점을 솔직하게 인정하기보다는 이를 감추려 하거나 책임을 회피

---

38 Edmondson, A. (1999). Psychological Safety and Learning Behavior in Work Teams. Administrative Science Quarterly, 44(2), 350-383.

제4부 위기 속에 빛나는 인간중심 경영

하는 모습을 보이게 되죠. 이는 문제를 해결하기보다 오히려 문제를 더 복잡하게 만들고, 해결이 지연되는 결과를 초래합니다.

또한, 정보 공유가 폐쇄적으로 이루어집니다. 중요한 정보는 상부에서 하부로만 일방적으로 전달되거나, 제한적으로만 공유되는 경우가 많아 구성원들은 의사결정 과정에서 배제되었다고 느낍니다. 이러한 상황은 조직에 대한 신뢰를 떨어뜨리고, 직원들은 자신의 역할에 대한 불안을 느끼게 됩니다.

신뢰가 부족한 조직에서는 비판적 피드백을 주고받기 어렵습니다. 서로에 대한 신뢰가 없으니, 피드백이 부정적으로 받아들여질까 두려워 진솔한 의견 교환이 이루어지지 않고, 이는 성장과 개선의 기회를 놓치게 만듭니다. 비판적인 피드백을 주고받는 대신, 소문과 비공식적인 대화가 활발해지며 잘못된 정보가 퍼질 가능성도 커집니다. 그러다보니 조직 내 불안감은 더욱 커지고, 갈등이 깊어지며, 직원 간 신뢰는 점점 더 약해지는 악순환 속에 빠지게 되는 것이죠.

신뢰가 부족하면 업무처리의 비효율성도 두드러집니다. 서로를 신뢰하지 않으니 정보가 충분히 공유되지 않고, 그 결과 합의 도출이 어렵습니다. 이로 인해 중요한 결정이 지연되거나, 오히려 잘못된 방향으로 진행되는 경우도 생기게 됩니다. 구성원들 간의 소통이 단절된 환경에서는 중복 업무가 발생하고, 갈등이 일어나면서 조직의 성과가 저하됩니다. 결국에는 많은 수의 구성원들이 소극적인 태도를 취하게 됩니다. 회의나 토론에서 자신의 의견을 적극적으로 내기보다 침묵을 지키는 경향이 강해지며, 이는 조직 내 창의성과 혁신을 저해하는 큰 요인이 됩니다. 이처럼 신뢰가 부족한 조직에서는 소통이 막히고, 성과를 저해하는 다양한 문제들이 생겨납니다.

사이먼 시넥(Simon Sinek)은 그의 책 『리더는 마지막에 먹는다』'에서 이렇게 말했습니다.

"팀은 함께 일하는 사람들이 아니다. 팀은 서로를 신뢰하는 사람들의 집합이다."

조직의 성과는 그 무엇보다 중요합니다. 신뢰 속에서 우리는 더 큰 목표를 향해 함께 전진할 수 있습니다. 단순히 업무 효율성을 넘어, 조직 구성원들의 만족도와 행복지수 또한 높이는 선순환을 만들어내죠. 따라서 탁월한 성과를 원하는 조직이라면 무엇보다 '신뢰 쌓기'에 힘써야 할 것입니다. 신뢰의 가치를 깊이 뿌리내릴 수 있도록 노력해야 합니다. 그 속에서 우리는 진정 함께 성장하는 조직, 신뢰로 꽃피는 성과를 만들어갈 수 있을 것입니다.

4부를 마무리하며

오늘날의 비즈니스 환경에서는 어떤 조직도, 어떤 개인도 홀로 성공하기 어렵습니다. 복잡하고 빠르게 변화하는 세상에서 우리가 직면한 도전과 기회는 한 부서나 한 사람의 역량을 넘어섭니다. 협력이야말로 오늘날 조직의 경쟁력을 가늠하는 중요한 척도이며, 이 협력의 기반에는 언제나 '신뢰'가 자리 잡고 있습니다. 신뢰는 의사소통을 자유롭게 하고 협력을 촉진하기에 결과적으로 문제해결의 속도를 높입니다. 민첩함과 유연함이 미덕인 요즘 세상에서 그것만큼 강한 무기가 있을까요. 영국의 저명한 작가이자 철학자인 올더스 헉슬리(Aldous Huxley)[39]는 "신뢰는 협력의 윤활유"라고 말했습니다. 신뢰는 구성원 간의 시너지를 만들고 비로소 불가능해 보이던 목표도 이뤄낼 수 있도록 돕습니다. 이 말을 가슴에 새기고, 우리 모두 신뢰의 문화를 만들어가는 데 동참해 보는 것은 어떨까요? 그 여정이 때로는 어렵고 더디게 느껴질 수 있습니다. 하지만 그 끝에 우리를 기다리고 있는 것은 더 나은 조직, 더 행복한 구성원, 그리고 더 큰 성과일 것입니다. 신뢰를 통해 승리하는 조직을 만들어보시길 바랍니다.

---

39 Maria Popova, "Aldous Huxley on Trust, Our Antidote to Fear and the Essence of Human Relationships," Brain Pickings, January 9, 2017,

변화하는 시대,
조직문화 새로고침

디지털 전환 시대의 민첩성과 데이터 중심 의사결정
다양성과 포용성의 시대에 필요한 포용적 리더십
지속가능성을 고려한 ESG 경영과 목적 중심 조직
빠른 변화에 대응하기 위한 학습 조직과 실험 문화

이제 한 걸음 더 나아가, 어떻게 하면 모든 구성원이 함께 성장하고 행복할 수 있는 조직을 만들 수 있을지 고민해야 합니다. 그리고 그 답은 바로 '조직문화'에 있습니다.

조직문화는 간단히 말해, '우리가 일하는 방식'입니다. 에드거 샤인(Edgar Schein)은 조직문화를 "한 집단이 외부적응과 내부통합의 문제들을 해결하면서 학습한 공유된 기본적 전제들의 패턴"이라고 정의했습니다. 즉, 조직의 구성원들이 공유하는 가치관, 신념, 행동 양식을 통틀어 조직문화라고 부를 수 있습니다[40].

조직문화와 관련한 고전 유머가 있습니다.

"우리 회사에 뱀이 들어오면 구성원이 어떻게 할 것인가?"

이 질문은 각기 다른 조직의 문화와 문제 해결 방식을 간접적으로 비유하는 것입니다. 뱀은 조직 내에서 생길 수 있는 위협, 문제 또는 혼란스러운 상황을 상징하기 때문에 이를 다루는 방식은 조직마다 다르게 나타날 수 있겠죠.

---

40 Schein, E. H. (2010). Organizational culture and leadership (4th ed.). Jossey-Bass.

– 삼성 : 전략기획실에 물어보고 결정한다.

– 네이버 : 뱀이 사무실에 들어왔다고 뉴스 캐스트에 올린다.

– 구글 : 뱀을 잡은 직원을 포상한다.

– 애플 : 뱀 잡는 방법을 특허를 낸 뒤 경쟁기업에 소송을 건다.

이 이야기는 위기 상황에서 각 조직이 어떻게 대응하는지를 유쾌하게 보여주는 사례입니다. 오래전부터 전해 내려온 유머인 만큼, 시간이 흐르면서 각 기업의 반응도 달라졌을 수 있습니다. 하지만 이 이야기가 주는 진정한 가치는 따로 있습니다. 바로 조직문화란 무엇인지 이해하는 데 도움을 준다는 점이죠.

각 기업의 답변은 그들이 중요하게 여기는 가치와 우선순위를 반영합니다. 어떤 조직은 효율성과 비용 절감에 초점을 맞추고, 어떤 조직은 창의성과 혁신을 강조하죠. 또 다른 조직은 규칙과 절차를 중시하기도 합니다. 이처럼 각 조직의 고유한 문화는 위기 대응 방식에서 고스란히 드러납니다. 이를 통해 우리는 조직문화가 구성원들의 사고방식과 행동 양식에 얼마나 큰 영향을 미치는지 알 수 있습니다. 조직문화는 일상적인 업무 방식부터 위기 대응 전략까지, 조직의 모든 면

오징어게임으로 본 인간과 조직 이야기

모를 결정짓는 핵심 요소라고 할 수 있죠.

여러분도 '우리 조직에 뱀이 들어오면 구성원이 어떻게 행동할지' 한번 생각보시겠어요?

조직문화가 진정 힘을 발휘하는 순간은 위기와 갈등, 고난의 순간입니다. 평소에는 느슨하게 작동하던 규칙과 가치들이 위기라는 시험대에 오르면 조직의 운명을 좌우하는 절대적 기준이 되어 버리죠.

'소 잃고 외양간 고친다'는 속담은 조직문화에 참 잘 어울립니다. 위기가 닥치고 나서야 리더십, 협력, 소통, 공정 등의 가치를 다시 만들려고 하면 이미 사막처럼 되어버린 토양에 어떻게든 씨를 심으려는 것이니 어려울 수 밖에요. 그러니 조직문화는 일상 속에서 계속 가꾸고 다듬어야 합니다. 일상의 평온함에 속아 조직문화의 진정한 가치를 간과하기 쉽지만, 건강할 때 건강을 지켜야 하는 것처럼 조직도 마찬가지입니다. 평소에 꾸준히 가꾸고 키워 나간 조직문화는 구성원을 하나 된 힘으로 만들어 그 어떤 역경도 헤쳐나갈 수 있는 무기가 됩니다.

그렇다면 왜 우리는 조직문화를 중요하게 여기고, 계속해서 만들어가야 할까요?

첫째, 조직문화는 구성원들의 행동을 결정짓는 중요한 요소입니다. 오징어 게임에서 참가자들의 행동이 게임의 규칙에 의해 크게 좌우되었듯이, 현실 세계의 조직에서도 문화는 구성원들의 행동 방식을 규정합니다.

둘째, 조직문화는 조직의 정체성을 형성합니다. 그것은 '우리는 누구인가'를 정의하고, 조직의 목표와 가치를 구체화합니다[41].

셋째, 좋은 조직문화는 구성원들의 만족도와 생산성을 높입니다. 구성원들이 자신의 가치를 인정받고, 신뢰 속에서 일할 수 있을 때, 그들은 더 높은 성과를 낼 수 있습니다.
물론, 모든 사람을 항상 만족시킬 수 있는 완벽한 조직문화는 존재하지 않습니다. 문화는 본질적으로 다양성과 갈등을 내포하고 있기 때문입니다. 하지만 그럼에도 불구하고 우리

---

41 Hatch, M. J., & Schultz, M. (2002). The dynamics of organizational identity. Human Relations, 55(8), 989-1018.

가 계속해서 바람직한 조직문화를 추구해야 하는 이유는 무엇일까요?

그것은 바로 '지속가능성' 때문입니다[42].

단기적인 성과에만 집중하는 조직은 결국 오징어 게임의 우승자처럼 공허한 승리만을 얻게 될 것입니다. 반면, 건강한 조직문화를 가진 조직은 어려운 상황에서도 함께 힘을 모아 극복할 수 있고, 장기적으로 더 큰 성공을 이룰 수 있습니다[43].

디지털 기술의 급속한 발전, 글로벌 팬데믹, 기후 변화, 세대 간 가치관의 차이 등 수많은 요인들이 기업 경영 환경을 근본적으로 바꾸고 있습니다[44]. 이러한 변화 속에서 조직이 생존하고 번영하기 위해서는 단순히 새로운 기술을 도입하거나 비즈니스 모델을 바꾸는 것만으로는 부족합니다. 조직

---

42 Barney, J. B. (1986). Organizational culture: Can it be a source of sustained competitive advantage? Academy of Management Review, 11(3), 656-665.

43 Cameron, K. S., & Quinn, R. E. (2011). Diagnosing and changing organizational culture: Based on the competing values framework. John Wiley & Sons.

44 Deloitte. (2021). "2021 Global Human Capital Trends". Deloitte Insights

의 DNA라고 할 수 있는 '조직 문화'의 혁신이 필요한 시점입니다[45].

변화는 때로 두렵고 어려운 과정일 수 있습니다. 오징어 게임의 참가자들이 각 게임에 임할 때마다 느꼈을 불안과 두려움을 우리도 느낄 수 있습니다. 하지만 기억하세요. 변화는 위협인 동시에 기회이기도 합니다. 적절한 준비와 올바른 마음가짐으로 이 변화의 파도를 타면, 우리 조직은 더욱 강하고 유연하며 지속 가능한 모습으로 거듭날 수 있습니다.

5부에서는 현재의 주요 경영 환경 변화를 반영한 네 가지 조직문화 지향점을 간단히 소개하겠습니다.

- 디지털 전환 시대의 민첩성과 데이터 중심 의사결정
- 다양성과 포용성의 시대에 필요한 포용적 리더십
- 지속가능성을 고려한 ESG 경영과 목적 중심 조직
- 빠른 변화에 대응하기 위한 학습 조직과 실험 문화

---

45 Groysberg, B., Lee, J., Price, J., & Cheng, J. (2018). "The Leader's Guide to Corporate Culture". Harvard Business Review, 96(1), 44–52.

각 영역에서 우리는 변화의 필요성을 이해하고, 선도적인 기업들의 혁신 사례를 살펴보며, 실제로 적용할 수 있는 구체적인 실천 방안을 제시할 것입니다.

자, 이제 미래를 향한 여정을 시작해보겠습니다!

디지털 전환 시대의 민첩성과 데이터 중심 의사결정

우리는 지금 급격한 디지털 전환의 시대를 살아가고 있습니다. 기술의 발전은 우리의 일상은 물론, 기업의 경영 방식에도 큰 변화를 가져왔죠. 이제 조직의 민첩성과 데이터 기반 의사결정은 선택이 아닌 필수가 되었습니다.

오징어 게임에서 참가자들은 예측할 수 없는 상황에 놓이게 됩니다. 게임의 규칙도, 다음에 맞닥뜨릴 도전과제도 알 수 없죠. 매 순간 빠르게 상황을 판단하고 결정을 내려야만 살아남을 수 있었습니다. 그들에게 주어진 정보는 제한적이었지만, 그 정보를 어떻게 해석하고 활용하느냐가 생존의 열쇠였죠.

현대 기업들도 이와 비슷한 상황에 직면해 있습니다. 디지털 기술의 급속한 발전으로 비즈니스 환경이 빠르게 변화하고 있으며, 엄청난 양의 데이터가 쏟아지고 있습니다. 이런 불확실성 속에서 살아남기 위해선 민첩성을 키우고, 데이터에 기반한 의사결정 체계를 갖추는 것이 무엇보다 중요합니다.

세계적인 경영컨설턴트 토마스 프리드먼은 이렇게 말했습니다. "세상이 평평해졌고, 과거보다 훨씬 더 빨리 움직인다. 기존의 위계적이고 느린 조직으로는 도태되기 쉽다."[46] 그의 말처럼 빠른 의사결정과 실행, 유연한 조직 운영은 더 이상 선택이 아닌 필수인 시대가 되었죠.

디지털 전환은 단순히 새로운 기술을 도입하는 것 이상의 의미를 갖습니다. 그것은 조직의 사고방식과 일하는 방식, 즉 조직문화의 근본적인 변화를 요구합니다. 속도와 유연성이 강조되고, 직관이나 경험보다는 데이터에 기반한 의사결정이 중시됩니다. 빠르게 변화하는 기술과 시장에 적응하기 위해 끊임없는 학습이 필요해지고, 부서 간 경계를 넘어선 협업과 외부와의 개방적 협력이 중요해집니다. 음악 스트리밍 기

---

46 프리드먼, T. L. (2005). 『더 월드 이즈 플랫』. 원제: The World Is Flat: A Brief History of the Twenty-first Century. 황규덕 역. 한국경제신문.

업 Spotify는 '스쿼드(Squad)' 모델을 통해 민첩한 조직 문화를 구축했습니다. 다양한 기능을 갖춘 소규모 팀을 구성하고, 팀에 높은 자율성을 부여했죠. 또한 지속적인 실험과 빠른 학습을 장려함으로써 변화에 신속하게 대응할 수 있는 체계를 갖추었습니다.

한편 MIT와 Google이 공동으로 진행한 연구에 따르면, 데이터 기반 의사결정을 하는 기업이 그렇지 않은 기업보다 생산성이 5~6% 높고, 수익성은 무려 10% 가량 높았다고 합니다[47]. 아마존은 '데이터로 말하기(Speaking with Data)' 문화를 통해 대부분의 의사결정에 데이터를 활용합니다. 회의에서 새로운 아이디어를 제안할 때도 반드시 데이터로 뒷받침해야 하죠. 이는 데이터가 단순히 의사결정의 정확성을 높이는 것을 넘어, 기업의 재무적 성과에도 직결됨을 보여주는 사례입니다[48].

47 Brynjolfsson, E., Hitt, L. M., & Kim, H. H. (2011). Strength in Numbers: How Does Data-Driven Decisionmaking Affect Firm Performance? SSRN Electronic Journal. https://doi.org/10.2139/ssrn.1819486

48 Bryar, C., & Carr, B. (2021). 『워킹 백워드』. 원제: Working Backwards: Insights, Stories, and Secrets from Inside Amazon. 안진이 역. 더퀘스트

제5부 변화하는 시대, 조직문화 새로고침

민첩하고 데이터 중심적인 조직이 되기 위해서는 전사적인 노력이 필요합니다. 무엇보다 리더의 강력한 의지가 동반되어야 해요. 전 직원을 대상으로 데이터 해석과 활용 능력을 향상시키는 교육을 실시하고, 핵심 성과 지표(KPI)를 실시간으로 확인할 수 있는 대시보드를 구축하는 것도 좋은 방법입니다. 또한 실험 문화를 조성하여 A/B 테스트 등 데이터 기반 실험을 장려함으로써 의사결정의 정확성을 높일 수 있습니다.

불확실성의 시대, 익숙했던 과거의 방식을 고집할수록 도태의 위험은 커집니다. 빠르게 변화하는 디지털 환경에서 생존하고 번영하기 위해 민첩성과 데이터 중심 의사결정을 핵심 역량으로 키워나가야 합니다.

민첩하고 유연한 조직으로 거듭나기 위한 여정은 결코 쉽지 않은 길입니다. 하지만 이 여정을 통해 일하는 방식은 더욱 강하고 경쟁력 있는 모습으로 변모할 수 있을 것이라 확신합니다. 디지털 전환의 파도를 함께 헤쳐나가 보시죠. 인텔(Intel)의 전 CEO이자 회장으로, 현대 경영학에 큰 영향을 미친 인물 중 한 명인 앤드루 그로브(Andrew S. Grove)의 말

오징어게임으로 본 인간과 조직 이야기

을 남기며 마무리 하고자 합니다[49].

"*좋은 기업은 변화에 적응한다. 위대한 기업은 변화를 만들어낸다.*"

우리도 변화를 두려워하지 말고, 변화를 이끄는 위대한 조직이 되어 보는 건 어떨까요?

다양성과 포용성의 시대에 필요한 포용적 리더십

우리는 오징어 게임에서 다양한 배경을 가진 참가자들을 보았습니다. 나이, 성별, 국적, 사회적 지위가 각기 다른 이들이 한 공간에 모여 게임을 진행했죠. 그 과정에서 우리는 다양성이 가져오는 강점과 동시에 그로 인한 갈등도 목격했습니다.

참가자들은 저마다 다른 능력과 가치관을 가지고 있지만, 게임을 헤쳐나가기 위해선 결국 하나의 공동체로 뭉쳐야 했

---

49 출처: 그로브, A. S. (1997). 『하이 아웃풋 매니지먼트』. 원제: High Output Management. 이건호 역. 알에이치코리아

제5부 변화하는 시대, 조직문화 새로고침

습니다. 다양한 개인들이 모여 이뤄낸 협력과 연대는 그들이 살아남는 데 결정적인 역할을 했죠. 특히 성기훈이 팀원들의 다양한 재능을 인정하고 활용했던 모습은 포용적 리더십의 좋은 예시로 볼 수 있습니다.

현대 조직도 이와 유사한 상황에 직면해 있습니다. 글로벌화, 세대 다양성, 그리고 사회적 인식의 변화로 인해 조직 내 다양성이 증가하고 있으며, 이를 효과적으로 관리하고 활용하는 것이 중요한 과제가 되었습니다. 다양성이 중요해진 시대, 기업 역시 이제 하나의 공동체로서 '포용성'을 필수 가치로 삼아야 합니다.

포용성은 단순히 다양성을 인정하는 것을 넘어, 서로의 차이를 존중하고 받아들이며, 그 차이를 조직의 힘으로 승화시키는 것을 의미합니다. 다양성과 포용성은 단순히 윤리적 차원을 넘어 혁신 촉진, 의사결정 개선, 인재 유치와 유지, 시장 이해도 향상 등 비즈니스 성과에도 직결되는 요소입니다.

미국의 경제학자 스콧 페이지는 『다양성의 배당금』에서 "복잡한 문제를 해결하기 위해서는 다양한 관점과 배경을 가진 사람들의 협력이 필수적이다. 다양성이야말로 혁신과 발전의 원동력이다"라고 말했습니다[50]. 실제로 맥킨지의 연구에 따르면, 인종·민족 및 성별 다양성이 높은 기업들이 그렇지 않은 기업보다 수익성이 각각 36%, 25% 더 높았다고 합니다[51].

하지만 다양성을 기업 문화로 내재화하는 것은 결코 쉽지 않은 과제입니다. 이를 위해선 리더부터 '포용적 리더십'을 발휘해야 합니다. 포용적 리더십이란 모든 구성원의 의견을 존중하고, 그들의 잠재력을 최대한 발휘할 수 있도록 지원하는 리더십 스타일을 말합니다.

구글 인사 담당 부사장 라즐로 복은 그의 저서 『구글의 아침은 자유가 시작된다』에서 구글이 다양성과 포용성을 핵심 가치로 삼는 이유를 설명합니다[52]. "다양성은 단순히 인종이

---

50 Page, S. E. (2017). The Diversity Bonus: How Great Teams Pay Off in the Knowledge Economy. Princeton University Press

51 Hunt, V., Prince, S., Dixon-Fyle, S., & Yee, L. (2018). Delivering through diversity. McKinsey & Company. https://www.mckinsey.com/business-functions/organization/our-insights/delivering-through-diversity

52 Bock, L. (2015). Work Rules!: Insights from Inside Google That Will Transform How You Live and Lead. Twelve

나 성별의 문제가 아니다. 그것은 서로 다른 아이디어, 관점, 경험을 가진 사람들이 함께 모여 더 나은 결과를 만들어내는 것이다. 이를 위해 우리는 모든 직원이 자신의 목소리를 낼 수 있고, 독특함을 인정받을 수 있는 포용적인 환경을 조성하고자 노력한다."

포용적 리더가 되기 위해 우리는 먼저 자신의 편견과 고정관념을 깨려는 시도가 필요합니다. 열린 마음으로 다양한 의견에 귀 기울이고, 구성원 간 협력을 장려하며, 모두를 공정하게 대우하는 자세가 중요합니다. 글로벌 컨설팅 기업 액센추어가 운영하는 '포용적 리더십 트레이닝' 프로그램처럼, 조직 차원의 체계적인 교육과 실천이 뒷받침 되어야 할 것입니다.

나아가 심리적 안전감을 높이는 것도 포용적 문화 조성의 핵심 요소입니다. 구글의 아리스토텔레스 프로젝트 연구 결과, 심리적 안전감이 높은 팀이 더 높은 성과를 냈다고 합니다. 실수를 학습의 기회로 삼고, 솔직한 피드백을 장려하는 등 구성원들이 안심하고 자신의 생각을 표현할 수 있는 분위기를 만드는 것이 중요합니다[53].

5 3 Duhigg, C. (2016, February 25). What Google Learned From Its Quest to Build the Perfect Team. The New York Times. https://www.nytimes.com/2016/02/28/magazine/what-google-learned-from-its-quest-to-build-the-perfect-team.html

기업 문화 안에 다양성과 포용성의 가치를 뿌리내리기 위해선 시간과 노력이 필요합니다. 하지만 그 과정을 통해 우리는 더 창의적이고 혁신적이며 지속가능한 조직으로 나아갈 수 있습니다.

지금, 우리 조직의 리더십은 얼마나 포용적이라고 생각하시나요? 다양성을 축복으로 여기고 이를 성장의 자양분으로 삼는 조직을 향해, 우리 모두 한 걸음 내디뎌 보는 건 어떨까요? 다양한 배경과 능력을 가진 사람들이 서로 신뢰하고 협력할 때 놀라운 결과를 만들어낼 수 있습니다. 포용의 힘을 믿고 실천하는 리더십이야말로 불확실성의 시대를 이끌어갈 우리의 무기가 될 것입니다.

지속가능성을 고려한 ESG 경영과 목적 중심 조직

오징어 게임에서 참가자들은 생존이라는 목적을 위해 모든 수단을 동원하며 게임을 진행했습니다. 하지만 그 과정에서 우리는 많은 참가자들이 자신의 윤리적 가치를 희생하는 장면을 목격했습니다. 이처럼 목적이 잘못 설정되거나 단기적 목표에만 집착하면, 개인이나 조직은 길게 보았을 때 균형을 잃고 무너질 수 있습니다.

오징어 게임의 참가자들은 단 한 명의 승자를 가리기 위해 치열한 경쟁을 펼쳤죠. 그 과정에서 인간성은 상실되고, 약육강식의 논리가 지배했습니다. 이는 마치 단기 이익만을 좇는 기업의 모습과도 닮아 있습니다. 하지만 이제 우리는 경쟁을 넘어, 공존과 상생의 가치를 추구해야 할 때입니다.

오늘날의 조직들은 단기적 이익을 넘어서 지속가능한 성장을 위해 'ESG'라는 새로운 기준을 세우고 있습니다. 기업은 단순한 수익 창출을 넘어서 환경(Environment), 사회(Social), 지배구조(Governance)를 고려하는 목적 중심 조직으로 변화하고 있습니다. ESG 경영은 이제 선택이 아닌 필수가 되고 있습니다. 환경적 책임을 다하지 못하거나 사회적 요구를 무시하는 기업은 더 이상 시장에서 살아남기 어렵습니다.

ESG 경영의 핵심은 이해관계자 자본주의에 있습니다. 기업은 주주뿐만 아니라 직원, 고객, 지역사회 등 다양한 이해관계자의 가치를 함께 고려해야 합니다. 나아가 기업의 사회적 책임을 다하고, 환경 문제 해결에 적극적으로 동참해야 하죠. 세계경제포럼(WEF)의 회장 클라우스 슈밥은 이를 '이해 관계자 자본주의 4.0'이라고 표현하며, 포용적이고 지속 가능한 발전을 위한 기업의 역할을 강조했습니다[54].

ESG 경영은 기후 변화 대응, 자원 절약, 재생 에너지 활용 등 환경을 고려한 경영 전략을 통해 지속 가능한 성장을 도모합니다[55]. 또한 기업은 직원의 복지, 지역 사회와의 관계, 인권 보호 등 사회적 책임을 다해야 합니다. 투명하고 공정한 의사결정 구조와 윤리적 경영 역시 ESG의 주요 요소입니다.

ESG 경영의 실천은 기업의 장기적 성공과 직결됩니다. 모건스탠리의 연구에 따르면, ESG 요소를 적극적으로 고려하는 기업들의 주가 수익률이 그렇지 않은 기업들에 비해 더 높게 나타났습니다. 또한 블랙록의 래리 핑크 CEO는 "기후 위험이 곧 투자 위험"이라며, ESG 경영이 미래 경쟁력의 핵심 요소임을 강조하기도 했죠[56].

5 4 Schwab, K., & Vanham, P. (2021). Stakeholder Capitalism: A Global Economy that Works for Progress, People and Planet. John Wiley & Sons.

5 5 Morgenson, G. (2017). ESG Reports and Ratings: What They Are, Why They Matter. Harvard Law School Forum on Corporate Governance.

5 6 Fink, L. (2020). A Fundamental Reshaping of Finance. BlackRock.

지속 가능한 ESG 경영을 도입한 기업들은 긍정적인 브랜드 이미지를 구축하고, 투자자와 고객의 신뢰를 얻으며, 장기적으로 더 높은 성과를 이룰 수 있습니다. 소비자들은 더 이상 단순히 가격과 품질만을 고려하지 않습니다. 신뢰할 수 있고 윤리적인 기업을 선택하려는 경향이 강해졌죠. 또한 최근의 투자자들은 ESG 요소를 중요한 투자 기준으로 삼고 있습니다. 사회적 책임을 다하고 투명한 지배구조를 유지하는 기업들은 더 많은 투자 기회를 얻게 됩니다.

ESG 경영은 단순한 환경 보호나 사회적 책임을 넘어, 조직의 목적을 중심으로 경영 전략을 세우는 방향으로 진화하고 있습니다. 이때 '목적 중심 조직'이라는 개념이 중요해집니다. 목적 중심 조직은 이윤 추구만을 목적으로 삼지 않고, 사회적 가치를 실현하며 직원과 고객 모두가 공감할 수 있는 목표를 설정합니다.

따라서 ESG 경영을 실천하기 위해서는 무엇보다 조직의 목적을 재정립하는 것이 중요합니다. 조직의 존재 이유를 단순히 이윤 창출에 국한하지 않고, 사회적 가치 창출과 연결시키는 것이죠. 이를 위해서는 조직의 미션과 비전, 핵심가치를

오징어게임으로 본 인간과 조직 이야기

ESG 관점에서 재검토하고, 구성원들과 공유하는 과정이 필요합니다.

　대표적인 예로, 미국의 파타고니아(Patagonia)는 '지구를 구하자(We're in business to save our home planet)'를 미션으로 삼고, 환경 보호를 위한 다양한 활동을 전개하고 있습니다[57]. 유기농 면화 사용, 공정무역 인증, 폐의류 재활용 등 제품 생산에서부터 1% for the Planet 캠페인 등 수익 기부에 이르기까지, 파타고니아는 ESG 경영을 브랜드의 정체성으로 삼고 있죠.

　글로벌 기업 Unilever 역시 '지속 가능한 삶을 만들자'는 명확한 목적을 중심으로 경영 전략을 수립하고 있습니다. Unilever는 ESG 경영의 선두주자로, 지속 가능한 제품 개발, 환경 보호, 사회적 책임을 이행하며 조직 내 모든 활동이 목적과 일치하도록 노력하고 있습니다. 이로 인해 Unilever는 소비자들로부터 높은 신뢰를 얻고 있으며, 장기적으로 더 강력한 성과를 거두고 있습니다.

---

57 Patagonia. (2021). Patagonia's Mission Statement.

목적 중심 조직은 직원들의 자부심과 몰입도를 높이며, 기업의 장기적 성과에 긍정적인 영향을 미칩니다. 목적 중심 조직은 직원들에게 단순한 일 이상의 가치를 제공합니다. 사회적 가치를 실현하는 일에 참여함으로써 직원들은 더 큰 자부심을 느끼고, 자신의 역할에 더욱 몰입하게 됩니다. 또한, 사회적 가치를 중시하는 조직은 고객과 이해관계자들로부터 더 많은 지지를 얻을 수 있습니다. 고객들은 기업의 목적과 가치를 공감할 때 더 강한 충성도를 보이죠.

ESG 경영과 목적 중심 조직은 조직 문화를 더 건강하고 지속 가능하게 만드는 데 중요한 역할을 합니다. 직원들은 자신이 속한 조직이 단순한 이익 추구를 넘어서 더 큰 사회적 가치를 실현하고 있다는 점에 자부심을 느끼게 됩니다. 이로 인해 조직 내부의 신뢰와 협력이 강화되며, 외부적으로는 기업의 명성이 높아집니다.

목적 중심 조직을 구축하기 위해서는 다음과 같은 실천 방안이 필요합니다: 첫째, 조직의 경영 목표를 명확히 하고, 그 목적이 직원과 고객 모두에게 공감될 수 있도록 설계합니다. 둘째, 환경, 사회적 책임, 투명한 지배구조를 경영 전략에 포함시켜 지속 가능한 성장을 도모합니다. 셋째, 모든 경영 의사결정이 조직의 목적과 일치하도록 체계를 확립합니다.

목적 중심 조직으로 ESG 가치를 내재화하고, 이를 위한 전략과 실행 과제를 구체화하는 노력이 필요하겠습니다. 그 과정에서 직원들의 공감과 동참을 이끌어내는 것이 중요합니다. 구성원 개개인이 조직의 목적을 이해하고, 자신의 일과 연계시킬 수 있을 때 ESG 경영은 비로소 조직 전반에 뿌리내릴 수 있을 것입니다.

우리는 이제 과거의 성장 패러다임에서 벗어나, 새로운 길을 모색해야 할 기로에 서 있습니다. 끊임없는 경쟁과 약탈적 성장이 아닌, 상생과 공존의 가치를 추구하는 길 말입니다. ESG 경영과 목적 중심 조직으로의 전환은 그 길을 여는 희망의 열쇠가 될 것입니다.

당신의 조직은 ESG 경영과 목적 중심 문화를 어떻게 실천하고 있나요? 기업의 궁극적인 존재 이유는 무엇일까요? 그 해답을 찾아가는 여정에 우리 모두 동참해 보는 건 어떨까요? 단기적 이익을 넘어 장기적 관점에서 기업과 사회의 지속가능한 발전을 도모하는 것, 그것이 오늘날 우리에게 주어진 시대적 과제가 아닐까 싶습니다. 더 나은 방향으로 나아가기 위해 우리는 어떤 노력을 기울일 수 있을까요?

빠른 변화에 대응하기 위한 학습 조직과 실험 문화

변화의 속도가 점점 더 빨라지는 시대에서, 조직은 단순히 현재의 문제를 해결하는 데 그치지 않고, 미래의 도전에 대비하기 위해 끊임없이 학습하고 실험하는 문화를 형성해야 합니다. 이를 위해 필요한 것이 바로 '학습 조직'과 '실험 문화'입니다.

학습 조직(Learning Organization)은 조직 구성원들이 지속적으로 새로운 지식과 기술을 배우고, 그 지식을 공유하며, 이를 조직 전체의 성과로 연결하는 것을 목표로 합니다. 피터 센게(Peter Senge)는 그의 저서 『학습하는 조직(The Fifth Discipline)』에서 학습 조직의 다섯 가지 핵심 요소를 제시했는데요[58].

---

58 피터 센게 (2014). 학습하는 조직, 에이지 21

1. 개인적 숙련(Personal Mastery)

구성원들이 지속적으로 자기 역량을 개발하여 성장할 수 있도록 지원하는 것.

2. 정신 모델(Mental Models)

고정된 사고방식을 점검하고 유연하게 변화시키며 열린 사고를 지향하는 것.

3. 공유된 비전(Shared Vision)

조직의 목표와 방향성을 구성원들이 공통으로 이해하고 자발적으로 동참하게 하는 것.

4. 팀 학습(Team Learning)

팀 내에서 자유로운 소통과 협력을 통해 집단 지성을 키우는 것.

5. 시스템 사고(System Thinking)

조직 내 모든 요소들이 상호작용하는 방식을 이해하고 장기적 관점에서 문제를 해결하는 것.

이 다섯 가지 요소가 유기적으로 결합될 때, 조직은 변화에 민첩하게 대응하고 지속적으로 성장할 수 있다고 합니다. 그는 조직이 변화에 민첩하게 대응하기 위해서는 개인과 조직의 지속적인 학습이 필수적이라고 강조합니다. 조직 내에서 개개인의 학습은 곧 조직의 경쟁력으로 이어지며, 이는 장기적인 성과와 연결됩니다.

또한 빠르게 변화하는 환경에서는 과거의 성공 방식을 고수하는 것이 오히려 실패로 이어질 수 있습니다. 따라서 조직은 실험적 사고를 바탕으로 새로운 방법을 시도하고, 실패에서 배우는 문화를 조성해야 합니다. 학습 조직을 만들기 위해서는 무엇보다 이러한 '실험 문화'를 조성하는 것이 중요합니다.

실험 문화란 새로운 아이디어를 적극적으로 시도하고, 실패를 두려워하지 않으며, 이를 통해 배우고 성장하는 문화를 의미합니다. 애플의 창업자 스티브 잡스는 "혁신이란 수천 가지 아이디어에서 시작된다"며 실험 정신의 중요성을 강조했습니다[59]. 넷플릭스나 아마존 같은 글로벌 기업들은 이러한 실험 문화를 통해 급변하는 시장에서 경쟁 우위를 유지해 왔습니다.

이때 중요한 것은 실패를 두려워하지 않고, 그것을 학습의 기회로 삼는 것입니다. 실험 문화는 실패를 학습의 일환으로

---

59 Jobs, S. (2011). I, Steve: Steve Jobs in his own words. Agate Publishing.

오징어게임으로 본 인간과 조직 이야기

받아들이고, 이를 통해 개선할 수 있는 기회를 제공합니다. 또한 큰 변화를 추구하기보다, 작은 실험을 통해 점진적인 변화를 이끌어내는 것이 핵심이죠. 실험을 통해 얻은 데이터를 기반으로 지속적인 피드백과 개선 과정을 거치는 것도 중요합니다.

실험 문화는 심리적 안전감(Psychological Safety)을 기반으로 합니다. 구성원들이 새로운 시도에 대한 두려움 없이 자유롭게 의견을 개진하고, 실수로부터 배울 수 있을 때 비로소 실험 문화가 뿌리내릴 수 있죠. 하버드 경영대학원의 에이미 에드먼슨(Amy Edmondson) 교수는 "심리적 안전감이 높은 팀일수록 학습과 성과가 높아진다"는 사실을 다양한 연구를 통해 입증했습니다[60].

대표적인 학습 조직의 사례로는 구글(Google)을 들 수 있습니다. 구글은 누구나 자유롭게 아이디어를 제안하고 실험할 수 있는 문화를 가지고 있습니다[61]. 구글은 직원들이 새로

---

60 Edmondson, A. (1999). Psychological safety and learning behavior in work teams. Administrative science quarterly, 44(2), 350-383.

61 Schmidt, E., & Rosenberg, J. (2014). How Google works. Grand Central Publishing.

운 아이디어를 실험할 수 있도록 '20% 시간 규칙(20% time rule)'을 운영해왔는데요. 이는 직원들이 업무 시간의 20%를 자신이 원하는 프로젝트에 투자하도록 장려하는 제도입니다. 이 제도를 통해 Gmail, Google News 등과 같은 혁신적인 서비스들이 탄생했죠. 이러한 실험적 접근은 구글이 경쟁력 있는 기업으로 남을 수 있었던 중요한 이유 중 하나입니다. 또한 '구글 X'라는 별도의 조직을 만들어 혁신적인 프로젝트를 진행하고 있는데, 자율주행차와 같은 도전적인 기술들이 바로 이곳에서 탄생했습니다. 2010년에 설립된 이곳은 현재 X Development LLC 또는 줄여서 X로 불리며, 구글의 모회사인 알파벳의 자회사로 운영되고 있죠. 구글 X는 기술 혁신의 최전선에서 인류에 도움이 될 수 있는 혁신적이고 도전적인 프로젝트를 수행하는 것으로 유명합니다. 이들의 목표는 단순히 기술을 개발하는 것에 그치지 않습니다. 구글 X는 문제를 해결하고 미래를 만들어가는 'moonshot thinking'을 추구하죠. 여기서 moonshot이란 거대하고 도전적이며 실현 가능성이 희박해 보이는 아이디어를 의미합니다. 마치 인류를 달에 보내는 프로젝트처럼 말이죠. 장기적인 관점에서 인류에 도움이 될 수 있는 기술을 개발하는 것에 목적을 두고 있습니다.

구글 X의 조직문화는 그들의 프로젝트만큼이나 혁신적입니다. 이들은 실패를 두려워하지 않습니다. 오히려 실패를 통해 배우고 성장하는 것을 중요하게 여기죠. 구글 X의 구성원들은 서로의 아이디어에 도전하고, 끊임없이 새로운 가능성을 모색합니다. 또한, 구글 X는 다양성을 중요한 가치로 여깁니다. 다양한 배경과 전문성을 가진 사람들이 모여 협력할 때, 더 창의적이고 혁신적인 아이디어가 나온다는 것을 알고 있기 때문이죠. 비록 구글 X의 모든 프로젝트가 성공하지는 않을 것입니다. 우리가 배워야 할 것은 그들의 성공 여부 자체 보다는, 실패를 두려워하지 않고, 크게 생각하며, 협력의 힘을 믿는 자세입니다. 그것이 앞서나가는 조직들이 주는 교훈입니다.

변화의 시대를 헤쳐나가기 위해, 우리에게 필요한 것은 바로 학습과 실험의 DNA입니다. 끊임없이 배우고, 새로운 것에 도전하며, 실패를 두려워하지 않는 자세. 이는 개인의 성장뿐만 아니라 조직의 혁신과 생존을 위해서도 반드시 필요한 역량이라 할 수 있겠습니다.

당신이 속한 조직은 학습과 실험의 문화를 얼마나 갖추고 있나요? 변화에 민첩하게 대응하기 위해 학습 조직과 실험 문화를 얼마나 잘 활용하고 있습니까? 우리는 어떤 노력을 통해 보다 유연하고 혁신적인 조직으로 거듭날 수 있을까요? 더 나은 방향으로 나아가기 위해 어떤 노력을 기울일 수 있을까요?

빠른 변화의 물결을 헤쳐나가기 위한 우리의 여정은 바로 이러한 질문에서부터 시작됩니다.

오징어게임으로 본 인간과 조직 이야기

승자는 누구인가?

넷플릭스의 '오징어 게임'은 수많은 사람들에게 강렬한 인상을 남기며 전 세계를 사로잡았습니다. 이 드라마는 한정된 자원을 두고 치열하게 경쟁하는 현대 사회를 상징적으로 그려냈습니다. 극한의 환경 속에서 참가자들이 겪는 날카로운 감정의 소용돌이, 그리고 매 순간 마주하는 선택들은 우리에게 인간의 본성과 심리에 대해 깊이 생각하게 만들었습니다.

16년 간 금융권에서 일하며, 저 역시 높은 목표를 세우고 쉼 없이 달려왔습니다. 성과를 향한 헌신은 저를 움직이는 원동력이었고, 그렇게 쌓아온 결과는 큰 보람을 주었죠.

하지만 어느 순간, 조직생활에 질문을 갖게 되었습니다. '우리는 왜 일하는가? 조직의 진정한 의미는 무엇인가?' '수익과 성장이라는 목표를 좇느라 정작 소중한 가치를 놓치고 있는 건 아닐까?' 이런 고민 속에서 오징어 게임은 제게 새로운 통찰을 주었습니다.

인간성을 강조하는 이 책은, 사실 그 동안 인간적이지 않았던 스스로에 대한 반성문입니다. 치열하게 경쟁했고, 경쟁에서 이기는 걸 즐겨왔습니다. 그 과정에서 본의 아니게 타인에게 상처를 주고, 누군가의 자존심도 열심히 깎아내렸을 겁니다. 좀 더 다정하고 친절하게 성과를 낼 수 있었는데 왜 그렇게 야박하게 굴었을까요. 제 자신에 대해 탐구하고 싶었습니다. 그래서 책에서는 핑크빛, 이상적인 이야기만 하고 싶었습니다. 이 정도 핑크빛 이야기를 한다고 세상이 까딱이나 하겠냐며….

돌이켜 보면 가장 인상 깊었던 성취의 순간들은 단순히 수치상의 목표를 달성했을 때가 아니었습니다. 함께 일하는 동료들과 서로를 격려하고, 힘을 보태며 어려움을 극복해 냈을 때. 우리가 이뤄낸 변화가 고객과 사회에 선한 영향력을 미치는 것을 목격했을 때. 바로 그 순간 저는 가슴 벅찬 성취감과 더불어 업의 진정한 의미를 느낄 수 있었습니다.

이제 우리에게 주어진 과제는 분명합니다. 효율과 성과를 넘어, 사람을 향한 존중과 배려의 가치를 회복하는 것. 단기적 이익에 연연하지 않고, 후대에 물려줄 건강한 조직문화를 만들어 나가는 것. 경쟁을 넘어, 함께 성장하고 발전하는 길을 모색하는 것. 서로를 밟고 올라서는 것이 아니라, 서로를 끌어올리는 경쟁. 그것이 바로 우리가 지향해야 할 모습일 것입니다.

'일하기 위해 사는 것이 아니라, 살기 위해 일한다(Work to live, don't live to work).' 이 말은 단순한 격언이 아닙니다. 우리 모두가 자신의 가치를 실현하고, 더 나은 세상을 만들기 위해 일한다는 소명 의식을 담고 있죠. 조직이 이러한 가치를 품고 나아갈 때, 비로소 우리는 지속 가능한 성장을 이뤄낼 수 있을 것입니다.

건강한 조직문화는 기업의 울타리 안에 머무르지 않습니다. 그것은 구성원 개개인의 삶의 질을 높이고, 나아가 우리 사회를 보다 건강하고 행복하게 만드는 토대가 됩니다. 가정과 일터, 그리고 사회. 이 모든 영역이 유기적으로 연결되어 있기에, 우리 조직이 어떤 문화를 만들어 가느냐는 결국 대한민국 구성원의 삶을 결정짓는 중요한 과제인 셈이죠.

변화는 결코 쉽지 않습니다. 하지만 우리가 가진 이 작은 용기와 선한 의지가 모여 더 나은 내일을 만들 수 있을 거라고 희망합니다. 지금 우리 각자가 내딛는 작은 발걸음이, 우리가 꿈꾸는 아름다운 미래로 이어질 수 있음을 믿습니다.

결국, 진정한 승자는 누구일까요? 저는 일상을 잘 살아가는 우리 모두가 승자라고 말하고 싶습니다. 경쟁 속에서도 인간성을 잃지 않고, 서로에게 긍정적인 영향을 미치며, 함께 성장하는 길을 택하는 우리 모두가. 자신의 가치를 믿고, 동료와 함께 더 나은 내일을 만들어가는 그 여정 속에서 우리는 이미 승리하고 있는 것 아닐까요.

이 책이 인간과 조직, 경쟁과 협력에 대한 새로운 시선을 열어주는 계기가 되길 바랍니다. 오징어 게임처럼 치열한 경쟁 속에서도 다정함과 친절함을 지켜내는 분들에게 존경과 감사의 마음을 전합니다. 오늘도 묵묵히 자신의 자리에서 최선을 다하는 모든 이들의 노고에 경의를 표합니다.

[저자 소개]

백서현

직장생활 16년 경험을 바탕으로 현재는 '조직의 단맛 (조직문화LnD)' 대표로서 조직문화
를 교육하고 발전시키는 일을 하고 있습니다. 서강대학교 경영대학 특임교수, 연세대학교
미래교육원 '조직문화 전문가 과정' 책임자, 한국경제인협회 파트너 교수로도 활동하고 있
습니다.

학부는 공학, 석사는 교육학, 박사는 경영학을 취득한 이색적인 학문적 배경을 바탕으로, 이
공계의 분석력과 인문사회학이 융합된 조직과 인간에 대한 탐구를 하고 있습니다.

정답이 없는 조직문화 영역에서 방법을 찾아가고 싶습니다. 매일, 매 순간을 의미있게 살아
가고 싶은 분들과 함께 대한민국 조직의 문화를 다듬고 싶습니다. 조직문화에 대한 사회의
관심과 경영자의 열정이 더 높아지길 희망합니다. 조직문화의 가치가 더 진지하고 소중하게
다뤄지길 바랍니다. 지금 하는 일이, 다음 세대를 위한 건강한 미래를 만든다는 소명을 가지
고 있습니다.

[저자와의 소통]

· 사이트 : worksweet.co.kr
· 이메일 : mail@worksweet.co.kr

오징어게임으로 본
인간과 조직 이야기

초판발행일 | 2024년 12월 1일

지 은 이 | 백서현
펴 낸 이 | 배수현
디 자 인 | 천현정
제 　 작 | 송재호
홍 　 보 | 배예영
물 　 류 | 이슬기
문 　 의 | 안미경

펴 낸 곳 | 가나북스 www.gnbooks.co.kr
출 판 등 록 | 제393-2009-000012호
전 　 화 | 031) 959-8833(代)
팩 　 스 | 031) 959-8834

ISBN 979-11-6446-116-5 (03190)